疫病vs神

島田裕巳
宗教学者・作家

中公新書ラクレ

はじめに

疫病が流行したから宗教が生まれた。

とくに日本の歴史を振り返ってみると、その感を強くする。

2020年、新型コロナ・ウイルスによる感染は、世界に広がり、多くの感染者と死者を生んだ。社会は混乱し、医療崩壊という事態も生まれた。ウイルスの脅威に対して、人々の恐怖が募り、外出もままならないなかで、経済は停滞した。

近年でも、深刻な感染症の流行は起こっている。エイズやエボラ出血熱、あるいは新型インフルエンザなどである。

ただ、エイズは性的な行為を通して感染することが多いもので、エボラ出血熱はコンゴ民主共和国を中心としたアフリカに限定される。2009年の新型インフルエンザの場合には、世界的に流行したものの、死者は2185人に留まった。

新型コロナ・ウイルスは、先進国の方が事態は深刻で、感染者も死者も桁違いに多い。その点で、世界全体が深刻な影響を受けざるを得なかったのである。

感染症の歴史は長い。

感染症について、最初にそれを記録したものが、古代ギリシアの歴史家トゥキディデスの著作『戦史』である。『戦史』によれば、紀元前430年、スパルタと戦っていたアテネで、「アテネの疫病」という感染症が流行したとされる。発熱や各部の痛み、発疹などが起こり、ある軍隊では4000人中1000人以上が亡くなり、後遺症に苦しむ者も少なくなかった。ただ、この疫病が、現在で言えば、何にあたるかは明らかになっていない（斉藤博「アテネの疫病はマールブルグ病，または，エボラ熱か?」『埼玉医科大学進学課程紀要』巻8、2000年）。

アテネの疫病が、人類が経験した最初の感染症というわけではない。文献に残っているものとして、これ以上昔に遡るものはないということである。

考古学の世界では、発掘した人骨に感染症の痕跡を探る研究が行われている。そうした研究によれば、結核菌による感染症である脊椎カリエスが見られるもっとも古い人骨は、1891年にエジプトのテーベで発見された。それは、アモン神に仕えたネスパへルアンという神官のミイラである。この神官は25〜35歳で死亡したものと推定されている。

日本でも、脊椎カリエスを患っていた人骨が発見されており、もっとも古いのは、弥生時代に遡る。古代のエジプトや日本では、今も人類を苦しめている結核がすでに流行していたのだった（鈴木隆雄『骨から見た日本人　古病理学が語る歴史』講談社学術文庫）。

現代においてなら、このように古代人が結核を患っていたことを知ることができる。アテネの疫病でも、今それが流行しているのなら、それが細菌によるものなのか、ウイルスによるものなのかを究明し、その正体を明らかにすることができる。正体不明の謎の病に終わることはない。

しかし、科学、医学の発達していなかった時代には、疫病の正体を知ることはできなかった。そもそも細菌やウイルスの存在が知られていなかった。

感染症の正体は、目で見ることはできない。それを目で見るには、顕微鏡という道具が必要である。さらには、病の原因であると特定するためには、科学的な研究が進み、細菌やウイルスについての知識が蓄積されなければならない。

そうしたことが可能になったのは19世紀になってからのことである。それ以前の時代において、感染症の流行はくり返されてきたが、人類はその正体をつかむことができないまま、それに恐怖するしかなかったのである。

そのとき私たち日本人はどうしたのか。

それを探ることが、この本の目的である。

日本人は、くり返し流行した疫病を神として祀ることを行ってきた。

あるいは外来の仏教に、疫病退散のご利益を願ってきた。

もちろん、科学や医学の観点からすれば、神や仏を祀ったからといって、その流行を抑えることなどできるはずはない。

だが、心理的な側面から考えるならば、目に見えない疫病に一つの形を与え、それを退散してくれる存在を信仰することは、何程かの意味を持ったはずである。

感染症は短期におさまることもあれば、流行がくり返されることもある。けれども、いつかは必ず終熄《しゅうそく》にむかっていく。つまり、神や仏を祀ってからしばらく時間が経てば、疫病の流行はおさまっていくのである。

そうしたことを経験することによって、私たちの祖先は、神や仏を祀ることに大きな意味があると考えるようになったはずだ。信仰と流行の終熄とのあいだには直接の因果関係はないにしても、あたかも効果があったかのように見えたことは間違いない。

疫病をおさめるための方法があると思えることと、それを見出せないことのあいだには、決定的な違いがある。方法を見出せなければ、ただただ疫病の猛威に怯《おび》えているしかないのである。

疫病を神として祀り、それを抑える力のある仏を信仰することの意味は小さくない。なぜなら、疫病が克服されることによって、神や仏に絶大な威力があると信じられるようになるからである。神や仏を正しく祀れば、疫病をおさめてくれるだけではなく、さまざまなご利益を与えてくれる。そのように考えることができるのだ。

疫病がくり返されたからこそ、日本人は神や仏を祀ってきた。逆に、疫病の流行がくり返されなかったとしたら、私たちは、神や仏を祀ることに意義を見出せなかったかもしれない。日本の宗教史を考える上で、疫病の流行は相当に重要な意味を持ったのである。

目次

本文ＤＴＰ／今井明子

疫病vs神

第1章
医学はどれだけ流行病に無力だったのか

医療と宗教の比較研究

「はじめに」でもふれたように、感染症の流行は古代からくり返されてきた。感染症によっていったいどれだけの人命が損なわれたのだろうか。その数は膨大なものにのぼる。

古代の地中海世界に限っても、125年のバッタの襲来によるオロシウスの疫病から、164年〜180年にかけてのアントニヌスの疫病、250年から264年のキプリアヌスの疫病。そして、540年から590年にかけてのユスティニアヌスの疫病までで、その地域の人口は4分の3まで減少したとされる。

さらに、ヨーロッパの歴史を大きく変えた「黒死病」については、1348年から49年にかけての最初の流行で、ヨーロッパの人口のうち30パーセントが失われたと推測されている（河口明人「予防概念の史的展開——中世・ルネサンス期のヨーロッパ社会と黒死病」『北海道大学大学院教育学研究院紀要』第102号、2007年）。

これだけ多くの人命が失われたということは、当時の医学が感染症に対してまったく無力であったことを意味する。

しかしそれは、感染症についてだけ言えることではなかった。現代では、どの国でも「西洋医学」が導入され、病気の治療に絶大な効果をあげている。だからこそ、世界中で平均寿命が著しく伸びている。とくにそれは、日本を含めた先進国で顕著である。

ところが、西洋医学は長いあいだ無力な状態にあった。当時の人々は、それに効果があると信じていたのかもしれないのだが、今日の観点からすれば意味のない治療法が随所で用いられていた。西洋医学よりも、漢方を中心とした「東洋医学」、あるいは、西洋医学以上に古代ギリシアの医学の伝統を受け継いだ「イスラム医学」の方が、はるかに人の病を癒すということにおいて効果があった時代が長く続いたのである。

個人的なことを書かせてもらうならば、実は私には、西洋医学の無力さを強く印象づけられたことがあった。それは今から40年近く前のことである。当時の私は大学院の博士課程で宗教学を学んでいた。

私は大学に在学しているあいだ、大学院に進学しようとは考えていなかった。研究者の道を歩むつもりはなかったのだ。

ところが、大学４年生のときに、理想社会の実現をめざすコミューンの運動、ヤマギシ会と出会い、入会して、「実顕地」と呼ばれるコミューンに参加することとなった。

卒業論文はヤマギシ会のコミューンのなかで書き、そのまま卒業した。

それは1970年代半ばのことで、当時のヤマギシ会は学生運動の経験者が多くなっていた。もともとは農民の運動だが、それが大きく変わろうとしていたのである。しかし、学生運動のようなつもりでは、コミューンを持続させることはできない。ヤマギシ会は、ひたすら会員の数を増やすことをめざす社会運動から、コミューンにおける生産を重視した運動への転換がはかられようとしていた。私は、この変化についていけなかったせいもあり、翌年にヤマギシ会を脱会した。そして、宗教学の大学院に進学する道を選んだのである。

修士課程では、ヤマギシ会を含めた内外のコミューン運動について研究し、それを修士論文にまとめ、そのまま博士課程に進学した。博士課程に進学すれば、研究者をめざすしかない。私は、ヤマギシ会を経由することで、宗教学の研究者への道を歩むこととなったのである。

では、博士課程で何を研究するのか。コミューンのことは、修士論文にまとめることで決着がついてしまった。そこで新しい分野を開拓しようと考え、行き着いたのが、「医療宗教学」というテーマだった。医療も宗教も、病を治す、あるいは癒すということでは目的を共通にしている。両者を比較研究できないものだろうか。そんなことを考えたのだ。

そこで医学部の図書館に通い、興味を引く論文のコピーをしたりしていた。そのなかで出会ったのが、一冊の本だった。それが川喜田愛郎《かわきたよしお》『近代医学の史的基盤』（岩波書店）だった。上下２巻で２段組、本文だけで１２００ページを超えていた。注も１９０ページ以上に及んだ。著者には、ウイルスと関連するが、『感染論――その生物学と病理学』（同）という著作もあった。

私は、この本を最初から最後まで丁寧に読み進めていった。今、その本を開いてみると、自分が重要だと思った箇所に鉛筆で印がつけられている。その部分をノートに抜き書きしたかもしれない。とにかく、大部の『近代医学の史的基盤』を読み終わって、ただただ圧倒されたことを覚えている。

その後、生命科学の中村桂子先生の主宰する研究会に参加することになり、そこで川喜田愛郎先生本人と知り合うことができた。何度か目白にあった御自宅に伺い、興味深い話をうかがったこともあった。

その際には、医学史に関連するようなことも教えていただいたはずだが、はっきりと覚えているのは葬式の話である。先生はクリスチャンだが、葬式のときに牧師が故人の人柄や業績を誉めるために嘘を言うのが嫌だと語っておられた。それがとても印象的だった。

先生は1996年に亡くなられているが、もし今の時代にも生きておられたとしたら、新型コロナ・ウイルスについてどのようにそれをとらえたのだろうか。とても興味をそそられるところだが、今はかなわない夢である。

無力だった西洋医学

私が、『近代医学の史的基盤』を読んで、強く印象づけられたのは、コッホが結核菌を発見し、それを土台に、感染症の研究が大きく進み、やがては治療法が開拓されるまでは、西洋医学が、病の治療ということにかんして、いかに無力であったかということだった。しかも、本を最初から読み進めていくと、西洋医学がまだ無力だった時代に、いかに愚かなことが行われていたか、それが理解されてくるのである。それも驚きだった。

川喜田先生は、第34章「病原細菌学の誕生とその医学史的意義」の第3節「感染症の病因（1）――病原細菌学の登場の前夜」で、古代ギリシアの医学者、ヒポクラテスの感染症についての見方にふれている。ヒポクラテスの著した「ヒポクラテスの誓い」は、現代でも高く評価され、医師の基本的な倫理を示したものとして活用されている。

ヒポクラテスは、ギリシアのコス島に生まれ、そこに形成された医師の集団はコス派と呼ばれる。川喜田先生は、ヒポクラテス、「ないしはコス派が、流行病の原因として頽化ないし腐敗した有機物やよどんだ沼沢などから発生するミアスマ（*μιασμα*; miasm, stain）を含んだ空気という伝来の考え方をとったこと、それが彼の正しくも強調する流行病における気象その他の環境条件の話とあいまって、後々の流行病学の動向に強い影響をもったことを注意しよう」と述べている。

こうした流行病の原因についての考え方は、ローマ帝国時代の医師であり、その後の西洋医学の思想にははなはだしく大きな影響を与えたガレノスに受け継がれる。ガレノスは、ヒポクラテスの四体液説をもとに医学の理論を組み立てた。四体液説とは、人体を血液、粘液、黒胆汁、黄胆汁の4つの体液からなるものととらえる見方である。ヒポクラテスからガレノスへと受け継がれた医学理論では、「ミアスマで汚れた空気を吸いこむことが体液の不調をもたらして病気が生ずる」という形で流行病のメカニズムがとらえられたのである。

ミアスマは瘴気《しょうき》と訳される。それは、川喜田先生の説明にあるように、沼や沢などから自然に発生するものと考えられていた。

今日の科学においては、起こった事柄の観察から出発する。ところが、近代以前の時代には、ヒポクラテスやガレノスの説いたことがそのまま真理とみなされ、理論が優先された。その結果、起こった事柄の観察はなおざりにされた。感染症が細菌による伝染であることが明らかにされるまで、ミアスマ説は真理と見なされ、議論はそこからしかはじまらなかった。川喜田先生はその点について、「問題はむしろ、いつもながら事実の観察をよそにして、典拠を重んじてミアスマ説を墨守した後代の医学者たちの固陋な性格にあった」と指摘している。

現代における西洋医学のめざましい進歩からすれば、ミアスマ説が信奉されたことは、それこそ信じがたい出来事である。しかも、キリスト教がローマ帝国において国教化されることによって、事態はさらに悪化した。

なぜなら、キリスト教は自分たちの信仰と異教、あるいは正統と異端を厳格に区別する傾向があり、ギリシアや国教化以前のローマの文化を異教のものとしてことごとく否定してしまったからである。その点について、前掲の河口は、「ローマ帝国のキリスト教国教化（331年）とともに、テオドシウス1世（在位379－95）は、非キリスト教の礼拝所の破壊を公認し、その許可をえた総主教テオフィロス（在位385－412）は、アレクサンドリアのセラペイオン図書館の何十万冊の書物を焼き払った（391年）」と述べている。

現代のように印刷の技術が発達した状況とは異なる。本は人間の手によって書写されるものであり、焼き払われたなかには、一冊しかない本も数多く含まれていたはずだ。そうした書物を焼き払うことは、ギリシアからローマへと受け継がれてきた知的な遺産を根本から破壊することを意味した。

やがて、キリスト教に代わって、ギリシア・ローマの古代文明の知的遺産を継承するようになるのがイスラム教であった。そこには、学問の中心だったアレクサンドリアが、イスラム教の支配下に入ったことが大きく影響した。

カリフとは、イスラム教を開いた預言者ムハンマドの後継者を意味するが、アッバース朝第7代カリフにあたるアル＝マームーン（在位813－33）は、ギリシアだけではなく、インドの科学や医学にまで手を伸ばし、イスラム教以外の学問を次々と取り入れていった。そして、古代のギリシアの写本を積極的に収集し、それをアラビア語に翻訳する事業を推進した。

そこには、キリスト教とイスラム教における異教徒の扱い方の違いが影響していた。キリスト教の場合には、その信仰を受け入れない者は異教徒として迫害の対象となった。とくにユダヤ人については、イエス・キリストを売ったユダがユダヤ人で、イエスを殺害したのもユダヤ人であるということで、キリスト教世界では、差別と迫害の対象になった。

これに対して、イスラム教には、「啓典の民」という考え方があり、同じ神を信奉するユダヤ教徒やキリスト教徒は、多神教徒とは区別され、イスラム教徒の仲間であると認識された。イスラム教の世界に生活する啓典の民は、税金さえ支払うならば、改宗を迫られたり、兵役を課されることはなかった。

したがって、ローマ教会によって異端とされたネストリウス派のキリスト教徒などは、イスラム教の世界で庇護を受け、文化的な貢献を果たすことができた。ネストリウス派は、キリスト教の基本的な教義となっている三位一体説を否定した。その教えは中国にまで伝わり、「景教」と呼ばれた。

イスラム教世界で発展したアラビア医学（イスラム医学）では、病院の建設、医師の養成、そして、医師の免許制度などが推し進められたが、いずれも先進的なものであった。簡単に言えば、医療の面で、イスラム教世界の方がキリスト教世界よりはるかに進んでいたのである。

それを象徴するのが、十字軍の兵士たちが傷をおったとき、自分たちに従ってきた医師よりも、敵方のイスラム教の医師に診てもらうことを望んだというエピソードである。キリスト教世界では、怪我した後の感染した化膿の状態は望ましい治癒過程と見なされ、結果として敗血症を誘発した。これに対して、イスラム教の医師は、排膿することで、早く治療することができた。やむを得ず重症者の手足を切断するときにも、キリスト教の世界ではただ剣を振り下ろすだけだったのに対して、イスラム教の世界では、麻薬による麻酔が用いられ、湿布にも化膿を防ぐため強い葡萄酒が使われた。キリスト教とイスラム教、どちらが文明として野蛮だったかは明らかである。

そこに変化が訪れるのは12世紀になってからである。現在では、アメリカの歴史家であるチャールズ・ホーマー・ハスキンズの著作『十二世紀ルネサンス』（別宮貞徳・朝倉文市訳、みすず書房）によって、それは12世紀ルネサンスと呼ばれるようになった。それ以前、ルネサンスと言えば、14世紀のイタリアで起こった古典古代の文化の復興をもっぱらさしていた。ハスキンズは、それがすでに12世紀の段階で先駆的な形で起こっていたことを指摘したのである。

ハスキンズは、「12世紀の知的復興は科学の領域でもっともきわだっている」と述べている。科学中心であったことが14世のルネサンスとは異なっていた。ハスキンズは、「1100年の西ヨーロッパは、イシドルスとベーダの要約、ローマの学問のばらばらの断片しか持っていなかった。1200年ないしはその少し後には、アラビアの自然科学と哲学、ひいてはギリシアの学問の大部分を受けとっている」と続けている。それによって、ガレノス、ヒポクラテス、アヴィセンナの医学が、アリストテレスの哲学とともに西ヨーロッパに伝えられたのである。

アヴィセンナはペルシアの哲学者であり、医者、科学者である。ガレノスの医学をもとに、それを体系化したアヴィセンナの医学は、長期にわたってキリスト教世界の医学に大きな影響を与えた。

しかし、やがてガレノス＝アヴィセンナ医学の体系を揺るがす事態が起こる。それが

「黒死病」の流行である。

黒死病がヨーロッパにおいて流行したのは14世紀のことで、それは腺ペストであった。黒死病の名の由来は、死体に黒斑ができるからだった。すでにふれた6世紀におけるユヌティニアヌスのペストと言われるものについて、川喜田先生は、そこに天然痘がまじっていたかもしれないが、「まちがいなく腺ペストの流行」だったとしている。その後、14世紀まで腺ペストの流行は記録されていない。

黒死病は、１３４７年にアジアからコンスタンチノポリス（現在のイスタンブール）に入り、50年までに全ヨーロッパに拡がった。

黒死病が猛威をふるったことで、その流行を神からの罰としてとらえ、懺悔のために自らのからだを鞭打つ「鞭打ち兄弟団」の運動が起こったり、ユダヤ人が毒を撒いたとしてユダヤ人迫害も行われた。それは常軌を逸した行為だが、川喜田先生は、それを踏まえた上で、「医者たちのうけとめ方が概してそれなりにまっとうであったことに注意しよう。この疫病の跳梁の間に彼らははなはだ多くのことを学んだようにみえる」と述べている。

具体的には、黒死病は、一斉に人々を襲うものではなく、人から人にうつるものだととらえる「接触伝染」の説がほぼ確立したというのである。それは、古代からのミアスマ説が修正されたことを意味する。

人から人にうつるものだとされることで、具体的な対策が打ち立てられることとなった。それは、患者の届出制（ノーテイフィケーション）、隔離所の設定（ラザレット）、ベッドや衣服の焼却、商品、通貨等の消毒、港の閉鎖、検疫期間（クワランティーン）の制定などである。

川喜田先生は、こうした対策が、「少なくとも原理的には今日でもほとんどそのまま通用する一連の防疫措置の端緒がここにあったとみることができる」という指摘を行っているが、今まさに私たちは、この指摘の意味するところを実感しているわけである。

その上で、川喜田先生は、「黒死病の襲来という予期せぬ事実によって医学を学び直す貴重な機縁」が与えられたととらえる。それによって、「医学の領域にヒポクラテス、ガレノスを超える可能性のあることがようやく人の意識に上るようになった」というのだ。これは、私たちの今後に対する示唆としても読むことができるのではないだろうか。新奇な流行病は、新たな知を生む可能性をはらんでいるのである。

ただ、黒死病自体に対して、医学はまったく無力だった。病の原因を明らかにすることもできなかったわけで、それでは治療の方法を見出していくことはできない。そもそも、こうした時代の医学は、一般の病に対しても有効な治療法を見出せてはいなかった。

瀉血という非合理な療法

では、当時、具体的な治療の方法はどのようなものだったのだろうか。これは、私が川喜田先生の『近代医学の史的基盤』を読んで、一番衝撃を受けたことでもあるのだが、なんと「瀉血《しゃけつ》」という方法が医療の中心的な手段とされていたのである。瀉血について、川喜田先生は、次のように述べている。

不調の体液を排除するという意味での瀉血（Aderlass, venesection）は、峻下剤の投与、灌腸などと並んでガレノスの治療体系の中で重要な意味をもっていたが、中世にはそれはますます重くみられるようになり、諸病の治療にはもちろんのこと、衛生（！）の目的で「瀉血カレンダー」に従って定期的に――しばしば占星術と絡んでその時期が設定される――行われるようにさえなった。一回に一〇〇ccからときに一リットル（!）にも及ぶ血液が放出された。しばしば「吸血鬼」療法（Vampirism）と評されるゆえんである。

この一つの段落のなかには、エクスクラメーションマークが二度も登場している。川喜田先生が、瀉血という療法がいかに非合理なものだと感じていたかがわかるが、私もこの一節を読んで、同じように感じた。

それでも、ルネサンス後期の16世紀になると、「瀉血万能の風潮にもようやく反省が」はじまったという。では、どういった療法が採用されるようになったかと言えば、それはヒポクラテス流の待期（エクスペクタント）療法であった。それは、人体の持つ自然治癒力を増進させることに力を注ぐ方法である。果たしてそれを治療法ととらえていいか、そもそもそこが問題である。

私が、医療宗教学の研究をこころざしたとき、具体的にどういった内容の研究を行うのか、必ずしも方針は定まっていなかった。当時、医療の社会的なあり方について研究する医療社会学や、それぞれの文化で異なる医療についての考え方を比較検討する医療人類学はあったものの、医療宗教学の先駆的な研究は存在しなかった。

だからこそ、それを新たに開拓する必要があると、私としては意気込んでみたのだが、的確な対象や方法を見出すことがなかなかできなかった。やがて、これは医学を本格的に勉強しなければ、医療宗教学は無理なのではないかとも考えるようになった。そのためには改めて医学部に進む必要がある。果たして、そこまでして研究を進めるべきなのか、私は次第に医療宗教学の構想が厚い壁に阻まれていると感じるようになっていた。

結局私は、医療宗教学の試みから遠ざかっていった。論文も一本書いただけだった。それは、「からだの救済とこころの救済」（宗教社会学研究会編『宗教の意味世界』雄山閣、のちに拙著『フィールドとしての宗教体験』法藏館所収）というものである。改めてそれに目を通してみると、興味深い話題は含まれているものの、それをどういった方向に展開していけばいいのか、それを示唆するものを見出すことは難しい。

研究者にとって重要なことは、自分が真剣に取り組むことができる研究テーマを見出していくということである。そこには切実さがなければならないのだが、そこが意外なほど難しい。私が修士課程のときに取り組んだコミューンというテーマは、自分がヤマギシ会というコミューンに所属していたがゆえに切実な問題だった。しかし、医療ということになると、私にとってコミューンほど切実な問題ではなかったということかもしれない。

宗教教団と「クラスター」

私が医療宗教学を志していた時期に、今日のような新型コロナ・ウイルスの流行に遭遇していたとしたら、あるいは的確な研究の方向性を見出すことができていたかもしれない。

具体的には、感染症、疫病の流行に対して、それぞれの宗教は、そのことをどうとらえ、どういった対策をもって臨むのかを比較研究していくのである。

古代から、病を癒す、治すということにおいて、宗教と医療は車の両輪のような働きをしてきた。とくに、ここまで述べてきたように、医学が十分に発達しておらず、有効な治療の方法を確立できていない時代には、宗教がその分野に深くかかわっていた。人々は、医者にかかるよりも、宗教家による祈禱の方に期待をかけたのだ。

ところが、現代においては、とくに今回の新型コロナ・ウイルスにかんしては、宗教の出番を見出すことは難しい。

その点に関連して重要なことは、宗教教団が感染源になったということである。いわゆる「クラスター」である。

韓国では、日本よりも早く感染が広がったが、その際に、クラスターとなったのが「新天地キリスト教会（正式名称は「新天地イエス教証しの幕屋聖殿）」というキリスト教系の新宗教だった。

韓国では、1960年代に、「漢江《ハンガン》の奇跡」と呼ばれる経済発展が起こったが、その際に、首都ソウルへの人口の集中が起こり、それにともなってキリスト教が信者を大幅に増やした。日本の高度経済成長の時代に新宗教が拡大したのと同様の現象である。ただ、その時代に拡大した韓国のキリスト教は、日本人がイメージするものとはかなり異なっている。土着のシャーマニズムの影響も受け、霊に対する信仰を中心としたもので、宣教師や信者が神憑《かみがか》りすることも珍しくない。その点でも、日本の新宗教と共通している。

新天地キリスト教会も、その一つということになるが、集団感染が起こったことを悪魔のしわざなどと主張したり、感染拡大の阻止に協力的な態度をとらなかったことで、強く批判された。そのため、教祖は土下座して謝罪することとなった。新天地キリスト教会以外にも、韓国でクラスターになった宗教教団がいくつか存在する。

同様のことは、イスラエルでも起こっている。

イスラエルはユダヤ人が建国した国家であり、そのなかには、多くのユダヤ教徒が生活している。ユダヤ教には、教えをどのようにとらえるかで、異なる派が存在しており、そのなかでもっとも教えに忠実であろうとするのが「超正統派」の人々である。

超正統派には、イスラエルが建国されるまでポーランドなどの東ヨーロッパで生活していた人々が多く、黒い帽子を被り、黒いスーツを着て、もみあげや髭を長く伸ばしている。女性も、スカーフなどで髪を覆っている。

超正統派では、ユダヤ教の教えを学び、それを実践することが何よりも重視される。そのため、超正統派の信者は、政府から補助金が出ているせいもあり、多くが働いていない。兵役や納税も免除されている。このことについては、超正統派とは対極にある世俗派の人々から強い批判がある。

新型コロナ・ウイルスの流行によって、イスラエル政府が10人以上の集会を禁止し、ユダヤ教の礼拝施設であるシナゴーグや宗教学校の閉鎖を命じた。これに対して、超正統派の人々は抵抗し、信者が逮捕されるという出来事も起こった。

超正統派の人々が住んでいる地区では感染が拡大した。それは、彼らが政府の方針に従わなかったからだとされる。

そもそも、超正統派は、イスラエルの公用語であるヘブライ語を使わず、東ヨーロッパにいた時代に使っていたドイツ語に近いイディッシュ語を用いる。そのため、政府の警告が彼らには届かなかった。しかも、超正統派は、テレビやインターネット、スマートフォンの使用を禁じているため、信者はウイルスにかんする情報に接していないのだ。

政府の指示、命令に対して宗教の信者が抵抗した例としては、もう一つ、フランスのイスラム教徒のことがあげられる。

これは、フランスに限らず、西ヨーロッパ全体で見られることだが、近年イスラム教圏からの移民が増えている。フランスでは、全人口に占めるイスラム教徒の割合が、２０１６年の時点で８・８パーセントに達している。２０１１年には４・３パーセントだったから、５年で倍増したことになる。

したがって、フランス国内には、イスラム教の礼拝施設であるモスクが増えている。キリスト教の方は衰退し、教会がモスクに売却されることも増えている。そのモスクが、新型コロナ・ウイルスの流行で閉鎖された。

イスラム教徒は、1日5回の礼拝を行うことをつとめとしているわけだが、金曜日には、モスクに集まって集団で礼拝することが習慣になっている。

ところが、モスクが閉鎖されてはそれができない。そこで信者たちはモスクの前の道路に集まり、そこで礼拝を行った。そこには、モスクを閉鎖した当局に対する抗議の意味合いも込められていたとされる。

日本では、政府が禁じたわけではないが、神社仏閣などの宗教施設を閉鎖したり、参拝の時間を制限するようなところも出てきた。新宗教の場合には、定期的な会合を中止している。祭や各種の行事も軒並み中止されている。もっとも印象的なのは、後にも詳しく述べるように、疫病除けとしてはじまった京都の祇園祭の山鉾巡行などが中止されたことである。

新型コロナ・ウイルスの流行は世界的な脅威になり、人々に大きな不安を生んだ。そんなときには、信仰を共通する仲間で集まり、ともに神仏に対して祈りを捧げたいと考える。ところが、今回はそれができなくなった。そこには、医学の発達によって感染症のメカニズムが明らかになったことが影響し、人々が集まることでクラスターが生まれることが懸念されるからだが、宗教にとっては、その力を発揮する機会を奪われたことを意味する。

これが今後、どのような影響を宗教の世界に与えるかは注目されるところだが、とくに一神教の世界では、重大な問題がからんでいる。このことは、日本における疫病と神のことを述べていく前に、是非とも押さえておかなければならないポイントである。

ウイルスをどうとらえるか

一神教は、ユダヤ教にはじまり、キリスト教からイスラム教へと受け継がれた。この三つの宗教は、緊密な関係があり、どれも、この世界を創造した唯一絶対の神を信仰の対象としている。一神教では、神によって世界が創造されたということが大前提になっている。

となると、新型コロナ・ウイルスはどのようにとらえられるのだろう。

ウイルスは、神によって創造されたものということになるのだろうか。それとも、神以外の存在によって創造されたものになるのだろうか。

イスラム教には、信仰対象として「定命《ていめい》」というものがある。イスラム教の信仰の基本となる六信のうちの一つである。それは、この世界に起きるあらゆる事柄、出来事は、すべて神によって定められたものであり、そこには意味があるという信仰である。つまり、たとえ本人にとって悪いこと、不幸なことであったとしても、それは、神が定めたものであり、人間はそれを受け入れるしかないということである。

そこからすれば、人間に感染し、ときには死にいたらしめるウイルスであったとしても、それは神によって創造されたものであるということになる。

新型コロナ・ウイルスに感染し、重症化すれば、甚だしい苦しみを受けることになる。生死の境をさまようこともあり、場合によっては死に至る。それでも、それが神によって定められたことであるならば、人間はそれを嘆くことさえできない。イスラム教の信仰ではそういうことになるし、原理的に考えるなら、ユダヤ教やキリスト教でもその点で変わらないはずである。

もしウイルスの創造を神以外の存在によるもの、たとえば、悪魔や悪霊によるものととらえるならば、神以外に創造の主体があると認めることになる。そうなると、一神教の前提が根本から崩れてしまう。

悪魔や悪霊による創造を認めるならば、それは神の絶対性、全能性を否定することにもなる。そうなれば、一神教が否定してきた「善悪二元論」に陥ってしまうのだ。

この点で、とくにキリスト教にはさまざまな問題がつきまとう。

キリスト教の基本的な教義は、「三位一体説」である。神とその子、イエス・キリスト、そして、イエスの母マリアを受胎させた聖霊は、現れ方は異なるものの一体だというのである。

キリスト教にはさまざまな宗派があるが、ほとんどの宗派はこの三位一体説を受け入れている。ところが、厳格な一神教の立場からすれば、これは、キリスト教が多神教としての性格を帯びているように受け取られる。それは、一神教からの逸脱ともとらえられる。

しかも、キリスト教の殉教者は「聖人」として祀られるようになり、中世ヨーロッパでは聖人崇敬が広がった。また、新約聖書の「福音書」では、イエスを孕み、生んだということについてしか記されていないマリアの地位が次第に上昇していった。カトリック教会では、マリア崇敬が教義的にも公認されている。

キリスト教の旧約聖書は、ユダヤ教の聖典である「トーラー」がもとになっている。そのなかにある「出エジプト記」では、モーセが、神から十戒を授かる場面が出てくる。

十戒のなかでは、明確に偶像崇拝が否定されている。
ユダヤ教やイスラム教では、偶像崇拝の禁止は徹底されている。ところが、キリスト教の場合には、キリスト教美術が発展したように、偶像崇拝の禁止を忠実に守っているわけではない。聖人崇敬では、聖人とされた人物の遺骨などが崇敬の対象になっている。また、マリアの場合には、その像が教会に祀られている。

偶像崇拝が禁じられるのは、それによって神が唯一であることが脅かされるからである。神が姿あるものとして描き出されると、他の神像と比較され、唯一であるはずの神が、数ある神のなかの一つになってしまう。多神教へと傾斜していく危険性があるからこそ、偶像崇拝は禁じられてきたのだ。

もう一つ、キリスト教では、「原罪」ということが強調される。それは、「創世記」に描かれたように、エデンの園で人類の始祖であるアダムとイブが神の命令に反し、善悪を知る木の実を食べたからだとされる。「創世記」では、それによってアダムとイブが、自分たちが裸であることを恥じたとされ、誘惑したのは蛇である。

ただ、「創世記」で書かれているのはそこまでである。ところが、キリスト教史上、最大の教父とされるアウグスティヌスは、アダムとイブは木の実を食べることで、性を知ったのだと解釈した。それこそが、代々伝えられてきた根本的な罪であり、原罪だというのである。そして、二人を誘惑した蛇は悪魔であるとしたのである。

ではなぜ悪魔が存在するのか。

悪魔は堕天使ルシファーであり、天使はその自由意志によって堕落したととらえられた。この解釈には釈然としないところがある。善なる神が創造した世界に悪が生まれるということをどのようにとらえるかは、キリスト教が直面した最大の難問なのである。

悪の存在を説明する際に、「善悪二元論」の立場をとり、最初から善と悪があったとするならば、そうした問いを回避することはできる。

しかしそうなれば、神の絶対性、神が唯一の創造者であることが否定されてしまう。神のほかに、悪を創造する主体が存在することになってしまうからだ。

この議論について、簡単には答えが得られないので、これ以上深くは追求しない。だが、新型コロナ・ウイルスがどうしてこの世界に生まれてきたかを説明することは、一神教の世界ではひどく難しい事柄なのである。

中世のヨーロッパ社会では、原罪が強調され、その罪を贖《あがな》うことが求められた。かの十字軍にしても、聖地エルサレムの奪回を目的としたものであったが、ローマ教皇は、そこに参加することが贖罪に結びつくと説いた。そして、黒死病などの疫病の流行は、自分たちが罪を犯している結果だと考えられた。

現在では、新型コロナ・ウイルスの流行に対して、原罪が持ち出されることはない。ローマ教皇フランシスコは、2020年3月27日に感染拡大を踏まえて特別な祈りを行い、その際に、メッセージを発しているが、そのなかでは、「マルコによる福音書」にあるイエスのことば「なぜ怖がるのか。まだ信仰がないのか」（第4章第40節）がくり返されていた。それは、感染拡大という危機であっても、強固な信仰によって乗り越えようと訴えるものになっていた。

そこでは、新型コロナ・ウイルス自体が悪とはされていないし、その発生や流行が悪魔によるものだともされていない。強い信仰を持つことを説くのは、宗教家として正しい行為なのかもしれないが、メッセージ全体を読んで、力強さに欠けているようにも感じられた。流行病をどうとらえていいのか。そこに迷いがあるようにも思えた。

では、日本ではどうなのだろうか。

これから見ていくのは、日本における神と疫病との関係である。それはいかなるものなのか。当然それは、一神教の世界とは大きく異なるものであるはずである。

第2章　疫病神としての天照大神

神話に登場した崇神天皇と疫病

日本人が疫病をもたらす存在を神として祀ってきたことについて、まずは神話にあたってみなければならない。

日本の神話と言えば、それは「古事記」であり、「日本書紀」である。古事記の方が、日本の神話を書き記した書物であるという印象が強いが、日本書紀の巻第一と巻第二は「神代」で、神々の物語となっている。

疫病について、古事記では「役病」という形で出てくる。それは、第10代の天皇、崇神天皇の時代においてである。そこでは、「此の天皇の御世に、役病《えやみ》多《さわ》に起りて、人民《たみ》死にて盡《つ》きむと爲《し》き」とある。

このことは、日本書紀の方でも記されている。やはり崇神天皇5年のことで、「国内《くにのうち》に疾疫《えのやまい》多くして、民《おおみたから》死亡《まか》れる者有りて、且大半《なかばにす》ぎなむとす」とある。どちらでも、人民の大半が亡くなったとされているわけだから、疫病の流行は甚大な被害をもたらしたことになる。

神武天皇を初代とした初期の時代の天皇が実在したかどうかについては、さまざまな議論がある。

中国南朝の宋の時代についてまとめた中国の歴史書「宋書」などには、倭の五王が登場する。中国側の史料による裏づけがあるわけだから、倭の五王は実在した可能性はかなり高い。では、その五王には、歴代のどの天皇が該当するのだろうか。

賛（讃）、珍（彌）、済、興、武のうち、武を第21代の雄略天皇とする見方が有力である。時代が最も古い賛（讃）は第15代の応神天皇か、第16代の仁徳天皇ではないかとも言われる。ただ、応神天皇は後に八幡神と習合しており、神話的な人物であった可能性が高い。まして、そこから5代遡る崇神天皇となると、実在したとは考えられない。

となると、崇神天皇の時代に実際に疫病が起こり、甚大な被害を与えたということが、歴史的な事実を反映するものであるかどうか、それははっきりしない。

古事記の序文には、和銅５年（７１２年）に太安万侶が編纂し、第43代の元明天皇に献上されたと記されている。一方、日本書紀の方には序文がなく、いきなり神話の叙述からはじまっているが、その続編である『続日本紀』には、養老４年（７２０年）に天武天皇の皇子である舎人親王らが完成させ、それを天皇に献上したと記されている。

古事記や日本書紀に登場する崇神天皇が在位した時代がいつなのか、実在さえ不確かである以上、それを明らかにすることは難しい。大津透『天皇の歴史1　神話から歴史へ』（講談社学術文庫）では、巻末に歴代の天皇について表が載せられているが、在位期間が記されているのは6世紀半ばの第29代、欽明天皇からで、それ以前の天皇については記されていない。

実は、その欽明天皇の時代に疫病が流行したことが日本書紀に記されている。そこには、仏教の伝来と受容という問題が深く係わっているのだが、その点については、次の章でふれることにする。

ここで注目しなければならないのは、崇神天皇の時代に起こった疫病のその後についてである。古事記と日本書紀では、そこに大きな違いがある。ここでは、日本書紀の記述を紹介したい。日本書紀の方が詳しくその出来事について述べているからである。

日本書紀では、崇神天皇5年に疫病が流行した翌年、同6年には百姓が離散し、背く者も出てきたとされる。「其の勢、徳《うつくしび》を以て治めむこと難し」という状況で、ひたすら神々に罪を犯したことを謝罪した。そして、これまで天照大神と倭大国魂《やまとのおおくにたま》という二柱の神を天皇のいる所に同時に祀っていたのが禍《わざわい》の原因であるとされた。

そこで、天照大神については豊鍬入姫命《とよすきいりびめのみこと》に預けられ、倭の笠縫邑《かさぬいのむら》というところに祀られた。一方、倭大国魂（日本大国魂神とも呼ばれる）については、渟名城入姫命《ぬなきのいりびめのみこと》に託されることになるのだが、姫は髪が落ち、やせ衰えて神を祀ることができなかった。

同時に祀っていることが原因なら、片方の神だけをほかに移せばいいということにもなるが、両方の神が同時に天皇のいた所から追い出され、別のところで祀られるようになる。しかも、倭大国魂の方は、それを祀ろうとする人間を衰弱させてしまうほどの恐ろしい力を発揮しているのである。

そこで天皇が浅茅原《あさじはら》というところへ出向いて、神々に対して占いを行うと、孝霊天皇の皇女、倭迹迹日百襲姫命《やまとととびももそひめのみこと》が神憑りして、大物主《おおものぬし》大神のことばを伝えた。大物主大神は、「我は是倭国の域《さかい》の内に所居《お》る神」であり、自らの子である大田田根子《おおたたねこ》によって祀らせれば、国は治まると述べたのである。

それは崇神天皇7年春2月のことだが、秋8月には、３人の人物が同じ夢を見るという出来事が起こる。その３人のなかには倭迹迹日百襲姫命も含まれていた。夢の内容は、大田田根子によって大物主大神を祀らせ、市磯長尾市《いちしのながおち》という人物によって倭大国魂神を祀らせれば、「天下太平《あめのしたたいら》ぎなむ」というものだった。

そこで大田田根子を探すと、茅渟県《ちぬのあがた》（和泉の国）の陶邑《すえのむら》という所で見つかった。天皇自らが大田田根子に誰の子かと問うと、父は大物主大神で、母は活玉依媛《いくたまよりびめ》であるという答えが返ってきた。活玉依媛は陶津耳《すえつみみ》、ないしは奇日方天日方武茅渟祇《くしひかたあまつひかたたけちぬつみ》の娘であるという。

11月に、大田田根子に大物主大神を祀らせ、市磯長尾市に倭大国魂神を祀らせた。さらには、占いの結果、八百万《やおよろず》の神々を祀ると、夢のお告げの通り、疫病は止み、国内はようやく鎮まった。

大神はどこへ祀られたか

大田田根子については、「今の三輪君《みわのきみ》等が始祖なり」とされる。三輪君とは、大和の大神《おおみわ》神社を祀る大神氏のことである。そして、その後のこととして、大物主大神の妻となった倭迹迹日百襲姫命の話が語られる。

妻になったものの、夫が夜にしか来ないので、倭迹迹日百襲姫命は、夫の顔が分からなかった。そこで、そのまま泊まって、昼になったら顔を拝みたいと言うと、神は自分は櫛を入れる箱のなかにいるが、その姿を見ても決して驚かないようにと告げた。明るくなって姫が箱を見てみると、そこには、姿の美しい小さな蛇がいた。姫は、それを見て驚いてしまった。すると神は、「恥をかかされたので、自分は元のところへ戻り、お前に恥をかかせてやる」と言って、大神神社の神体山である三輪山に登ってしまった。姫は、それを見て後悔し、座り込むと、箸で陰部を突かれ、亡くなってしまった。姫を葬った場所が箸墓だという。なお、この箸墓については、邪馬台国の卑弥呼が葬られているのではないかという説がある。

話が大神神社の由緒の方向にずれてしまったが、一緒に祀られていた天照大神と倭大国魂は、前者が倭の笠縫邑というところに祀られ、後者は市磯長尾市という人物によって祀られたわけである。

では、倭の笠縫邑がどこなのかということが問題になってくる。これまで多くの候補地があげられており、場所は確定されてはいないのだが、候補地のほとんどは奈良県の桜井市周辺にある。したがって、天照大神は、天皇から引き離された後も、その近くに祀られた可能性が高い。だが、それで決着がついたわけではなかった。

そのことは、崇神天皇の後を継いだ第11代の垂仁天皇のところで語られている。垂仁天皇の25年3月、天照大神の祀り手は、豊鍬入姫命から、垂仁天皇の第4皇女である倭姫命《やまとひめのみこと》に代わる。祀り手が代わっただけではない。倭姫命は、天照大神を祀る場所を求めて、大和国から近江、美濃両国を経て伊勢国に至る。伊勢国に至ったとき、天照大神は、「是の神風の伊勢国は、常世の浪の重浪帰《しきなみよ》する国なり。傍国《かたくに》の可怜《うま》し国なり。是の国に居らむと欲《おも》ふ」とのたまい、それで伊勢国に祀られる。倭姫命が天照大神を祀ることに苦労したことは注目される。

では、倭大国魂の方はどうなったのだろうか。日本書紀では、天照大神が伊勢に祀られるようになった経緯が述べられた後、「一書《ある》に云わく」という形で、それについて語られている。これは古事記にはないことだが、日本書紀では本文として用いられなかった史料にも言及されている。

崇神天皇のくだりでは、倭大国魂神を托された渟名城入姫命が、その神を祀ることができなかった様子が語られていたわけだが、ここでは、それがより詳しく述べられている。

倭大国魂神は、穂積の臣の遠祖にあたる大水口宿禰《おおみくちのすくね》に神憑りし、「世のはじまりのときの約束では、天照大神がすべての天原《あまのはら》を治め、その子孫である代々の天皇が葦原《あしはらの》中国《なかつくに》の天神地祇を治め、自分が地主の神を治めることになっていた。ところが、先の崇神天皇は、根本的なことを知ろうともしなかった」と、祀り方に不満を述べた。

そこで、中臣連《なかとみのむらじ》の祖である探湯主《くかぬし》に、誰に神を祀らせたらよいかを占わせたところ、渟名城稚姫命《ぬなきわかひめのみこと》がふさわしいということになり、神を祀る場所を穴磯邑《あなしのむら》に決め、大市の長岡岬《ながおかのさき》に祀ることとなった。

ただし、すでに見たように、渟名城稚姫命は髪が抜け、痩せ細って祀ることができなかったため、大倭直《やまとのあたい》の祖である長尾市宿禰《ながおちのすくね》に命じて祀らせた。

神が祀られた大市の長岡岬がどこをさすのかについては諸説あり、はっきりしない。現在倭大国魂を祀るのは奈良県天理市新泉町星山に鎮座する大和神社だが、そこではなかったようで、むしろ大物主神を祀る大神神社の方に近かった可能性がある。

最終的に、天照大神は現在の伊勢神宮に祀られ、倭大国魂は大和神社に祀られた。拙著『二十二社　朝廷が定めた格式ある神社22』(幻冬舎新書)でも述べたように、どちらの神社も、中世において、災害や国家の大事が起こったときに朝廷が奉幣《ほうへい》を捧げた二十二社のなかに含まれていた。

大和神社と伊勢神宮

神話をどのように読み解いていくのかはかなり難しい問題である。神話に記されたことを、そのまま歴史上に起こった出来事として受けとるわけにはいかないのは大前提だが、まったく架空の話として、その価値を全面的に否定するのも、賢明なやり方とは言えない。歴史上の事実そのものではないにしても、神話にはその痕跡が示されているかもしれない。少なくとも、神話を編纂した人間の意図や時代背景を読み取ることはできるはずである。

倭大国魂の場合、崇神天皇や垂仁天皇の事績について語った日本書紀に出てくるわけで、しかもそこには大物主大神もかかわっている。その点で、倭大国魂を神話のなかの神としてとらえることはできる。ただ、日本書紀のそれ以前の部分には出てこない。どういった経緯で倭大国魂がこの世に現れたかはまったく明らかにされていない。その点では、神話の神と言い切っていいのか、そのこと自体が問題である。

「万葉集」におさめられた山上憶良の長歌には、「大和の大国御魂」とあり、倭大国魂をさしている可能性がある。また、「大倭神社註進状幷率川神社記」という史料では、大和神社の祭神は大巳貴神《おおあなむちのかみ》の荒魂であるとされている。荒魂は和魂と対になるもので、その神の荒ぶる側面を示すものとされる。大巳貴神は、出雲大社に祀られる大国主命の別名である。ただ、「大倭神社註進状幷率川神社記」は、江戸時代の偽作である可能性があり、国学者で古事記を深く研究した本居宣長も、『古事記伝』でこの史料に説かれた説を否定している。

その点で、倭大国魂がいったいどういう神なのか、その正体は必ずしも明らかにはなっていないことになる。ただ、大和神社の鎮座している場所が、最初に大和で都がおかれ、その後も、いくつかの都が営まれた地域にあるということから、その地域の守護神、地主神であったものと考えられる。

大和神社の重要性を示す証拠は少なくない。

日本書紀の持統天皇6年（692年）5月のくだりには、藤原京を作る土地を定めたことに関連し、「庚寅《かのえとらのひ》（26日）に、使者を遣《まだ》して、幣《みてぐら》を四所《よところ》の、伊勢・大倭・住吉《すみのえ》・紀《き》伊の大神に奉らしむ」とある。大倭が大和神社のことである。

また、12月24日のくだりには、「新羅の調《みつき》を、五社《いつつのやしろ》、伊勢・住吉・紀伊・大倭・菟《う》名足《なたり》に奉る」とある。調は古代の税金のことである。

こうした文書に記されているところからすると、この時点で大和神社は、伊勢神宮や住吉大社に並ぶ相当に有力な神社と見なされていたことになる。

平安時代の法制書である「新抄格勅符抄《しんしょうきゃくちょくふしょう》」では、天平勝宝元年から大同元年にかけて、大和神社は、大和・尾張・常陸・安芸・出雲・武蔵の諸国に、伊勢神宮に次いで327戸の神戸《じんこ》を有していたとされる。神戸は、神社に対して寄進された封戸《ふこ》のことで、その戸に属する人間が神社に税を納め、課役《かえき》（仕事）を担った。

それだけ重要な神社であるために、神社の格を示す神階は、850年（嘉祥3年）に従二位だったものが、859年（貞観9年）に従一位へと進み、897年（寛平9年）には、最高位の正一位が授けられている。それぞれの国の神社について、そのリストを示した927年（延長5年）成立の「延喜式神名帳」では、大和国山辺郡の筆頭に大和神社があげられていた。

一方、伊勢神宮に祀られることになった天照大神は、天皇家の祖先である「皇祖神」であるとされる。だからこそ、崇神天皇の時代には、地主神である倭大国魂とともに、宮中に祀られていたわけだが、疫病とのかかわりは、天照大神の性格を考える上で、かなり重要なことではないだろうか。

疫病が発生したのは、天照大神と倭大国魂を同時に祀っていたためとされた。それによって、この二柱の神は、天皇から引き離されたわけだが、倭大国魂の方は近くに祀られた。それは地主神だからということにもなるが、ではなぜ、天照大神の方は、朝廷から相当に離れた場所に祀られたのだろうか。

大和神社から伊勢神宮の内宮まで、歩いていくと三日程度はかかる。距離は110キロメートルを超えている。かなりの遠方であることは間違いない。「畿内」ということばがある。畿内には大和、山城（現在の京都府）、河内、和泉、摂津（いずれも大阪府）が含まれるが、伊勢神宮のある伊勢は含まれていない。二十二社のなかで、畿内にないのは伊勢神宮のほかは、最後にそこに加えられた近江（滋賀県）の日吉大社だけである。

伊勢神宮の由緒については、もっぱら日本書紀に記されている。実は、古事記には、そのことは記されていない。古事記では、なぜ天照大神が伊勢神宮に祀られるようになったのか、その理由は明記されていないのだ。

日本書紀に記されたことは神話であり、そのまま事実として受けとるわけにはいかない。ただ、ほかに、それを解き明かしてくれる史料が存在するわけではない。前掲の大津透は、その点について、次のように述べている。

伊勢神宮については、7世紀後半の壬申の乱のときに、天武が遥拝し勝利に貢献し、天武以降、律令国家において格段の地位の向上がみられる。そこから伊勢神宮が天皇家の皇祖神として成立するのは天武朝になってからで、ごく新しいとする説まで存在する。実のところ、天皇制と密接に関係する伊勢神宮の祭祀については、いつ成立したのか、謎だらけである（『天皇の歴史1　神話から歴史へ』）。

ここで天武朝のことに言及されているが、伊勢神宮の特徴である20年に一度の「式年遷宮」の制度は、その時代に制定されたとされている。

この点を疑う人は少ないのかもしれないが、そのことは日本書紀には記されていない。それを記しているのは「大神宮諸雑事記」という史料である。これは、9世紀末に内宮の禰宜《ねぎ》だった荒木田徳雄が書き記したもので、以降、その一族が書き接いできたものとされる。1069年（延久元年）までのことが記されているが、その10年後に正本は火災で失われた。ほかに伝本があり、それが伝えられてきたとされるのだが、写本は江戸時代のものがもっとも古い。

なぜ式年遷宮が行われるのか

伊勢神宮の創建も式年遷宮も、数多くの謎がつきまとっているということになるが、もう一つ重要な謎は、明治天皇になるまで、代々の天皇は一人も伊勢神宮に参拝していないということである。

明治に時代が変わると、明治2年（１８６９年）３月に、明治天皇が伊勢神宮に参拝している。これが歴代の天皇のはじめての伊勢神宮参拝ということになり、その後、明治天皇は三度伊勢を訪れている。大正天皇は一度だけだったが、昭和天皇は皇太子時代を含めて17回参拝している。

ただ、持統天皇の場合には、日本書紀に伊勢国に行幸したとされている。行幸が発表されたのは、持統天皇6年（６９２年）のことだった。ところが、伊勢行幸の発表は強固な反対にあう。反対したのは三輪朝臣高市麻呂という人物で、大神神社の神主の家の者だった。高市麻呂は、行幸が農事を妨げることになると主張し、冠位を返上してまで伊勢行幸を止めようとした。しかし、持統天皇は行幸を強行した。

この話の展開からすると、持統天皇が伊勢に行幸し、伊勢神宮に参拝することに対して、大神神社の関係者が、大神神社が軽視されると危機感を抱き、行幸を阻止しようとしたのだと解釈することもできる。

しかも、伊勢行幸に先立って、持統天皇4年には内宮の式年遷宮が行われ、6年には外宮でも行われたとされている。そのことは、1497年（明応6年）に成立した「二所太神宮例文」に記されている。持統天皇の行幸は、式年遷宮がどのような形で行われたか、それを視察するためのものであったと解釈することもできる。

だが、日本書紀は、持統天皇が伊勢神宮を参拝したとは述べていない。しかも、この部分で、伊勢神宮にはまったく言及していない。そもそも日本書紀は式年遷宮の成立やその実施について記録していないのだから、持統天皇が式年遷宮の視察に行幸したという話になるはずもないのである。

したがって、伊勢神宮が創建されてから、歴史上初めて参拝したのは、やはり明治天皇であるということになる。

伊勢神宮では、垂仁天皇の時代以降、「斎宮」の制度が確立され、未婚の内親王や女《じょ》王《おう》がそれに選ばれた。斎宮のいた場所は、伊勢神宮と松阪の中間に存在した。斎宮が伊勢神宮の祭祀を司っていたので、天皇が参拝する必要はなかったとも言われるが、斎宮の制度は南北朝時代に途絶えている。だからといって、それ以降、天皇自らが参拝するようになったわけではない。

天皇は伊勢神宮を避けた。そのようにしか考えられない。天照大神は伊勢に追いやられ、斎宮に管理させたのだ。

そこには、疫病の記憶があったのではないだろうか。天照大神は、皇祖神ではあるものの、疫病を引き起こす神として恐れられていた。疫病が起こったのは、倭大国魂と一緒に祀っていたからではない。倭大国魂が天皇の近く、大和に祀り続けられたということは、それほどの脅威とは見なされなかったことを意味している。

天照大神とは、疫病をもたらし、多くの人間を死にいたらしめる恐ろしい神だったのだ。だからこそ、朝廷は、それを丁重に祀った。式年遷宮についても、それが関係しているのではないだろうか。

式年遷宮のことは、すでに述べたように、「二所太神宮例文」に記されている。ただこれは15世紀終わりに成立したもので、かなり新しい。しかも、実際にこの史料を見てみると、それぞれの遷宮について、その年号を示すだけで、それ以上のことは書かれていない。果たしてその記述内容は信用できるのだろうか。少なくとも、初期の遷宮についてはほかの史料が存在しないのである。

ただ、９２７年の「延喜式」では、20年に一度、正殿、宝殿、外幣殿を造り替えるよう指示されているので、平安時代中期までには式年遷宮の制度は確立されていたことになる。

なぜ式年遷宮が行われるのか、その理由は史料の上では明らかになっていない。「大神宮諸雑事記」や「二所太神宮例文」でも、理由はまったく述べられていない。「延喜式」でも同様である。

式年遷宮は、伊勢神宮だけのものではなく、他の著名な神社でも行われているが、社殿を一新するのは伊勢神宮だけである。20年経てば、萱葺きの屋根はすっかりだめになっているし、内部もかなりいたんでいる。20年で建物がもたなくなることが遷宮が行われる理由として考えられるが、ただもたせるということなら、ほかの神社のように朱塗りにすることも可能なはずだ。ほかの神社の式年遷宮では、屋根のふき替えが中心になっている。

それでも、すべてが一新されるのは、天照大神に対しては、常に新しい社殿を用意しなければならないと考えられたからではないだろうか。それだけ丁重に祀らなければ、疫病のような祟りが起こる。朝廷はそれを恐れ、式年遷宮を行うようになったとは考えられないだろうか。

旧約聖書の「創世記」を見れば、この世を創造した神は、全能の存在として描かれていることがわかる。しかし、「ノアの箱舟」のエピソードに示されているように、自らの創造した人類が堕落しているとなれば、大洪水によってそれを一掃してしまった。箱舟に乗ったノアの家族や動物たちは助かるが、ほかの人間、ほかの動物は、神によって創造されたにもかかわらず、根絶やしにされてしまった。神は恐ろしい存在なのである。

日本の神は、たとえ皇祖神の天照大神でさえ、創造神ではない。それでも、疫病によって多くの人間を殺したと伝えられている。

さらに、これは、古事記と日本書紀の双方に記されていることだが、仲哀天皇が自らの意志に逆らうと、その命を奪ってしまった。その点でも、天照大神は恐ろしい神なのである（この点について詳しくは、拙著『「日本人の神」入門　神道の歴史を読み解く』講談社現代新書を参照）。

恐ろしい神であるからこそ、絶大な威力を発揮する。それをおろそかにすれば、恐ろしい祟りがもたらされる。だが、正しくそれを祀るならば、やがては鎮まり、人々を守ってくれるようになるはずだ。神話が生まれた古代の日本人は、そのように考えたのである。

それでも、天照大神を、天皇の近くに祀ることははばかられる。そこで、祀る場所は遠く離れた伊勢に移されたのだ。

私たちはここに、日本の神と疫病との深い結びつきを見ることができる。天照大神は、天孫降臨という出来事を主宰したがゆえに皇祖神と位置づけられているが、祟りを引き起こす神であることがより重要な意味を持ったのではないだろうか。そのことが、日本書紀の記述に反映されている。神話は、日本人の神についてのとらえ方がいかなるものなのかを、天照大神に托して語っているとも言えるのである。

第3章　疫病は仏教伝来のせいなのか

欽明天皇が感銘を受けた仏像

日本の宗教の歴史において最大の出来事をあげるとすれば、それは仏教の伝来をおいてほかにはない。それは6世紀に起こったこととされる。

日本には土着の宗教として神道が存在した。神道は現在でも信仰され、日本人の生活にさまざまな形で影響を与えている。宗教の分類ということでは、神道は日本人固有の「民族宗教」であり、自然に生み出された点では「自然宗教」である。

これに対して仏教は、インドに発し、周辺諸国に伝わった「世界宗教」であり、ブッダという創唱者が存在することで「創唱宗教」である。世界宗教のなかでもっとも信者数が多いのはキリスト教で、それに次ぐのがイスラム教だが、仏教は、ヒンズー教に次ぐ世界第4位の宗教である。

一般に、世界宗教が進出した地域においては、土着の民族宗教はそのなかに取り込まれ、やがては消滅していく。

日本の中世から近世にかけては、「神仏習合」という事態が生まれ、神道と仏教は融合したものの、神道が仏教に完全に取り込まれたわけではなかった。その証拠に、明治時代に入って「神仏分離」が行われると、神道は独自な宗教として独立を果たした。日本人は、仏教が伝来して以来、土着の神道と外来の仏教をともに信仰し続けてきた。それは今も変わっていない。

仏教が日本に取り入れられることで、神道のあり方も大きく変わった。とくに神仏習合の時代において、両者は複雑に絡み合い、特異な信仰世界が作り上げられていた。そのあたりの事情については、拙著『神も仏も大好きな日本人』（ちくま新書）で詳しく論じた。

仏教の伝来は、日本宗教史における一大事件だったわけだが、疫病もそこに深くかかわっていた。この章では、そのことを見ていくことにする。

日本に仏教が公式に伝えられた出来事は、「仏教公伝」と呼ばれる。日本書紀では、それは第29代の欽明天皇13年（552年）冬10月のことであったとされる。そこでは、「百済の聖明王、更《また》の名は聖王。西部《せいほう》姫《き》氏《し》達率《だちそち》怒唎斯致契《ぬりしちけい》等を遣《まだ》して、釈迦仏の金銅像《かねのみかた》一軀《ひとはしら》・幡蓋《はたきぬがさ》若干《そこら》・経論若干巻を献る」とある。あわせて、仏教を広めることの功徳について記した上表文も添えられていた。

聖明王は百済の第26代の王であり、在位期間は523年から554年までだった。ただ、上表文には矛盾があることが指摘されている。上表文には、「金光明最勝王経」が下敷きになっている部分があるのだが、この経典が漢訳されたのは、それから150年も経った703年のことである。

さらに、724年に成立した「元興寺伽藍縁起幷流記資財帳」や824年以降に成立したと考えられる「上宮聖徳法王帝説」といった史料では、仏教公伝は、欽明天皇の治世の「戊午年《ぼご》」であったとされる。欽明天皇の治世には戊午年が存在しない。そこで、仏教公伝は、欽明天皇の前の宣化天皇3年（538年）のことだったのではないかとも考えられる。しかし、欽明天皇10年（549年）説もあり、結局のところはっきりしない。

そのあたりの議論について詳しくは、石田瑞麿『日本仏教史』（岩波全書）を参考にしていただきたいが、石田は、仏教公伝以前の「百済と日本との関係や任那《みまな》の存在、さらには帰化人のことを考える時、仏教が日本に伝えられ、信奉された可能性はあると思われる」と述べている。仏教公伝が、日本に最初に仏教が伝えられた出来事ではないかもしれないというのだ。

中国や朝鮮半島から文物がもたらされるようになるのは弥生時代に入ってからのことで、まず銅剣や銅矛、銅鐸、銅戈といった青銅器が伝えられた。弥生時代中期になると、朝鮮半島よりも中国からもたらされる文物の方が多くなり、銅鏡が九州北部などに数多く伝えられた。さらには、金（金銅）やガラスを使った文物も伝えられるようになる。

金を用いたものとしては、「漢委奴國王印《かんのわのなのこくおういん》」、いわゆる「金印」が名高い。これは、１７８４年（天明４年）に福岡の志賀島《しかのしま》で発見されたものである。「後漢書」の東夷伝のなかでは、光武帝が57年に奴国からの朝賀使に印を与えたと記されており、それではないかと考えられてきた。

また、５世紀中ごろから7世紀前半にかけて九州を中心に造られた装飾古墳では、朱雀や玄武といった四神や星宿図など、中国で生まれた図像表現が用いられており、古墳時代に中国からの影響を大いに受けるようになっていたのは確実である。朝鮮半島に近い対馬の北端、上県町《かみあがたちょう》佐護では、１９８８年に、興安2年（４５３年）の銘がある中国北魏の仏像が見つかった。この仏像がいつ渡来したかはわからないが、対馬ではほかにも朝鮮半島で造られた仏像が発見されており、仏教公伝以前に仏像がもたらされていた可能性は十分に考えられる。それは、仏教がかなり前から日本に伝えられていたことを意味する。

注目されるのは、百済からもたらされた仏像を見たときの欽明天皇の反応である。日本書紀では、「西蕃《にしのとなりのくに》の献《たてまつ》れる仏の相貌《かお》端厳《きらぎら》し。全《もは》ら未だ曽て有ず。礼《いやま》ふべきや不《いな》や」と述べたとされている。金色に輝く仏像を見て、天皇は大いに感激したのである。

残念ながら、このときに伝えられた仏像自体は現存していない。長野の善光寺は、本尊の阿弥陀三尊像こそがそれだと主張しているものの、本尊は絶対秘仏になっており、真偽を確かめることはできない。

ただし、欽明天皇が感銘を受けた仏像が、どういったものであったのかを想像させる手掛かりはある。それが東京国立博物館の「法隆寺宝物館」で展示されている金銅仏の数々である。これは、どれも高さが30センチ程度と小さいが、そのなかには朝鮮三国時代の6~7世紀のものも含まれている。ちょうどそれは、仏教公伝の時期と重なる。

欽明天皇は、こうした金銅仏を贈られ、その姿に新鮮なものを感じたことであろう。天皇自身も言っているように、当時の日本人は、そうした金銅製の仏像など見たことがなかった。この時代の人間が知っていたのは、青銅器や埴輪《はにわ》のたぐいだけだった。素朴な埴輪と比較すれば、金銅仏は、考えられないほど洗練されたものに見えたはずである。

仏像から感銘を受けた欽明天皇は、臣下に対して、仏を拝むべきかどうかを問うた。それに対して蘇我稲目は、「西蕃の諸国《くにぐに》、一《もはら》に皆礼《いやま》ふ。豊秋日本《とよあきづやまと》、豈《あに》独り背かむや」と述べ、周辺の国々で拝んでいるのだから、日本もそれに従うべきだと説いた。これに対して、物部大連尾輿《もののべのおおむらじおこし》や中臣連鎌子《なかとみのむらじかまこ》は、「我が国家《みかど》の、天下《あめのした》に王《きみ》とましますは、恒《つね》に天地社稷《あまつやしろくにつやしろ》の百八十神《ももあまりやそかみ》を以て、春夏秋冬、祭拝《まつ》りたまふことを事《わざ》とす。方《まさ》に今改めて蕃神《あたしくにのかみ》を拝みたまはば、恐るらくは国神《くにつかみ》の怒を致したまはむ」と反論した。天皇はこれまで日本の八百万の神を祀ってきたのだから、海外から来た神を拝めば、そうした神々の怒りを買うことになるというのである。

このように臣下の豪族たちの見解が分かれたので、天皇は、仏像を蘇我稲目に授け、試しに祀ってみるようにと命じた。稲目は、ひざまずいて仏像を受けとり、喜びをあらわにした。そして、飛鳥の小墾田《おはりだ》（現在の奈良県高市郡明日香村）の家に安置し、懇《ねんご》ろに礼拝し、さらには、向原《むくはら》というところの家を寺にした。この寺は、後に豊浦寺《とゆらじ》になったとされる。

ところが、そこで重大な出来事が起こる。「後に、国に疫気《えやみ》行《おこ》りて、民《おおみたから》夭《あからしまに》残《しぬること》を致す。久《ひさ》にして愈《いよいよ》多し。治め療《いや》すこと能はず」だったというのだ。その後に疫病が流行し、多くの人々が亡くなり、治療することができなかったというのである。

この事態を受けて、仏像を拝むことに反対した物部尾輿と中臣連鎌子は、「昔日《いむさき》臣《やつかれ》が計《はかりこと》を須《もち》ゐたまはずして、斯《こ》の病死《やみしに》を致す。今遠からずして復《かえ》らば、必ず当《まさ》に慶《よろこび》有るべし。早く投げ棄てて、懃《ねんごろ》に後の福《さいわい》を求めたまへ」と進言した。自分たちの主張した通りにしないから疫病が起こり、多くの人たちが亡くなったのであり、すぐに仏像を投げ捨ててしまえば、よい結果がもたらされるというのだ。

天皇は、「奏《もう》す依《まま》に」と答え、二人が主張した通りに、仏像を難波の堀江に流して捨ててしまった。寺にも火が放たれ、伽藍は焼失した。堀江は、難波の入江の水を大阪湾に直接放流するために掘られた水路のことである。

この出来事にかんして、蘇我氏を「崇仏派」、物部・中臣氏を「廃仏派」とするなら、両者の対立は、ひとまず廃仏派の勝利に終わったことになる。

しかし、それで決着がついたわけではなかった。

それは、欽明天皇の後を継いだ敏達《びだつ》天皇の時代の出来事に結びついていく。

崇仏派と廃仏派の対立

敏達天皇13年秋9月に、百済から鹿深臣《かふかのおみ》という人物がやってきて、弥勒仏の石像一軀をもたらした。これとは別に佐伯連《さえきのむらじ》が仏像一軀をもたらした。

すると、蘇我稲目の子である蘇我馬子が、この二軀の仏像を貰い受け、さまざまなところへ使いを派遣して、修行者を求めた。すると、播磨国で還俗していた恵便という人物を探しだし、これを師として３人の尼を出家させた。

馬子は自らの邸宅の東に仏殿を建て、そこに弥勒仏の石像を安置し、尼たちに法会を営ませた。すると、仏に供えた碗の上に仏舎利（釈迦の遺骨）が出現するという奇瑞が起こる。馬子が、鉄の台の上に仏舎利を置き、それを鉄の鎚で叩いたところ、台と鎚の方が壊れてしまった。さらに仏舎利を水のなかに投げ入れると、こころのままに浮いたり沈んだりした。そこで、馬子たちは、仏法を深く信仰するようになり、さらに仏殿も建てた。これについて日本書紀は、「仏法の初《はじめ》、玆《これ》より作《おこ》れり」としている。

この最後のことばは、仏教の信仰が本格的に定着するようになったことを意味しているのかもしれない。だが、素直に読めば、日本における仏教信仰のはじまりについて述べていると解釈できる。あるいは、仏教公伝よりも、こちらの方が歴史的には重要だったのかもしれない。

それに続けて、日本書紀では敏達天皇14年春2月のことが語られる。馬子は、大野丘(現在の奈良県橿原市和田町か)というところの北に塔を建て、そこに仏舎利をおさめ、大規模な法会を催した。ところが、馬子は病にかかってしまう。占うと、「父の時に祭りし仏神《ほとけ》の心《みこころ》に祟れり」という結果が出た。そこで天皇にそのことを告げると、天皇は、その神を祀るようにと指示した。そこで馬子は、「石像《いしのみかた》を礼《いや》び拝みて、寿命《いのち》を延べたまへと乞ふ」た。

馬子の父、稲目が祀ったのは仏像ではあるが、石像ではなかった。百済の聖明王から贈られ、稲目が譲り受けたのは金銅仏だった。石像は、やはり百済からもたらされたものだが、それを携えてきたのは鹿深臣であった。ここの記述は、いささか混乱している。

ところが、その時、「国に疫疾《えやみ》行りて、民《おおみたから》死ぬる者衆《おお》し」という出来事が起こる。再び疫病が流行し、多数の死者を出したのだ。

そのため3月になると、物部尾輿の子である物部弓削守屋大連《もののべのゆげのもりやのおおむらじ》と、中臣連鎌子の後を継いだと考えられる中臣勝海大夫《かつみのまえつきみ》が、天皇に奏上した。なぜ自分たちの進言を受け入れていただけないのか。前の天皇の時代から今まで疫病が流行し、多くの民が亡くなった。それは、馬子が仏法を信仰したためではないかというのである。天皇は、「灼然《いやちこ》なれば、仏法を断《や》めよ」と命じた。そこで守屋大連は、自ら寺に赴き、塔を切り倒して、火をつけて焼いてしまった。あわせて、仏像や仏殿も燃やしてしまい、焼けた仏像は難波の堀江に捨ててしまった。

話の展開は、欽明天皇のときと極めて似ている。関係する人物が親から子へと変わっただけだとも言える。その点で、日本古典文学大系本（岩波書店）も指摘しているように、「同一説話の反覆か」とも考えられる。

しかし、その後の展開は異なっていた。欽明天皇のときとは違う方向にむかうのだ。守屋大連は、馬子と彼に従った僧侶たちを責めようと考え、佐伯造《さえきのみやつこ》御室《みむろ》を使わして、馬子が供養している尼を呼び出させようとした。馬子は、天皇の命令には逆らえず、泣きながら尼たちを呼び出し、御室に渡してしまった。尼たちは、法衣を奪われ、鞭で打たれた。

ここまでは、馬子の側が劣勢で、このまま行けば、仏教の信仰が破棄されてしまってもおかしくはない。

ところが、敏達天皇が任那に日本府を建てようとして、使者を送ろうとすると、天皇と守屋大連は、「卒《にわか》に瘡患《かさや》みたまふ」こととなり、それは果たされなかった。天皇は、欽明天皇の命令に背いてはならず、任那の政をやり遂げるよう指示した。

ここで言われる「瘡」とは、天然痘のことであると考えられる。天然痘はウイルスによるもので、治っても痘痕が残ることから、平安時代から瘡と呼ばれた。

このとき、瘡にかかったのは天皇と守屋大連だけではない。多くの民に及び、死者も多く出た。瘡にかかった者は、「身、焼かれ、打たれ、摧《くだ》かるるが如し」と言いながら、亡くなった。この日本書紀の描写はとてもリアルで、その点で注目されるが、老いも若きも、「是、仏像焼きまつる罪か」と言い合ったという。

それまでは、仏像を拝むことで疫病が起こったとされていた。それがここでは、仏像を焼いてしまったことが疫病の原因とされている。

それを踏まえ、馬子は夏6月になると、疫病をおさめるには、仏法の力によるしかないと天皇に奏上した。天皇は、馬子だけで仏法を信仰し、他の人々には禁じるよう指示した。これによって、尼たちは馬子のところへ戻され、馬子は新たに寺を建て、尼たちを迎え入れて供養した。

日本書紀では、その後に、「或本《あるふみ》に云はく」という形で注記し、守屋大連たちが、仏法を滅ぼそうとして、寺や塔を焼き、仏像を捨てようとしたが、馬子はそれに抵抗したと述べられている。これは、ここまでに述べられていたことのくり返しだが、仏法の受容をめぐって、守屋大連らと馬子がいかに対立したのか、日本書紀はそれを強調しようとしているのであろう。

その後も、馬子と守屋大連との対立は続いた。それは、最終的に馬子が、皇子や他の豪族たちとかたらって、守屋大連を襲い、滅ぼすまで続く。日本書紀は、両者の対立の根底に、仏法を受容するかどうかということがあったという立場をとっている。

ただし、今日では、崇仏派と廃仏派の対立について、それは歴史上の事実ではないという見解の方が有力視されている。

たとえば、岡田莊司編『日本神道史』（吉川弘文館）では、「同工異曲の仏教受容をめぐる蘇我・物部両氏の抗争史が、欽明天皇の時代にも、敏達天皇の時代にも記されており、そのまま全てを史実として是認することは難しい。仏教受容に関する物語として、その多くが新たに造作されたものと、今日では理解されている」と述べられている。

あるいは、末木文美士《すえきふみひこ》『日本宗教史』（岩波新書）でも、「そもそも（仏教）伝来当初、仏像を異国の神とみる認識がどの程度あったかということも疑問である。神像は仏像の影響ではるかに時代が下ってはじめて作られるようになったもので、はっきりしているのは平安時代頃まで下る。そうであれば、仏教伝来当時、それほどはっきりとした『蕃神』という捉え方はできなかったはずである」と指摘されている。

倉本一宏『蘇我氏――古代豪族の興亡』（中公新書）でも、物部氏の本拠地に渋川廃寺や石上《いそのかみ》廃寺が造営されていることを理由に、崇仏派と廃仏派の対立がフィクションである可能性を示唆している。その上で、蘇我氏が崇仏派とされているのは、日本書紀が「飛鳥寺系縁起」を原史料にしているからではないかとしている。飛鳥寺系縁起とは、「元興寺伽藍縁起幷流記資財帳」などをさすものと思われる。この資財帳では、推古天皇の時代に至るまで、蘇我氏が仏教の興隆に力を注いだことが強調されている。

渋川廃寺は大阪府八尾市にあり、大正時代の鉄道工事で瓦が見つかって以来、そこに寺があったことが認識されていた。発掘調査は1990年から行われ、飛鳥時代前半に建てられたものと考えられている。

そこが守屋大連の別業、別荘ではなかったかとされているのは、日本書紀の用明天皇

2年夏4月のくだりに、守屋大連が大和から「阿都《あと》」に退いたという記載があるからである。阿都とは現在の大阪府八尾市跡部であり、そこに渋川廃寺跡がある。石上廃寺の方は、現在の奈良県天理市石上町にある。石上町の南には石上神宮が鎮座している。物部氏は、石上神宮の祭祀を司っていた。

このように、仏教の受容をめぐる崇仏派と廃仏派の対立については、日本書紀における創作の可能性が指摘されているわけだが、フィクションであるにしても、そこに疫病のことがかかわっている点は重要である。

まず、物語の展開としては、廃仏派は、疫病が流行した原因として、崇仏派の蘇我稲目や馬子が仏法を信仰し、寺を造営して、仏像や仏舎利を崇拝したことをあげていた。このことは、欽明天皇と敏達天皇の二人の天皇の治世にくり返されたとされている。話が重複しており、たとえそこに語られたことが事実であったとしても、元の話は一つであった可能性が考えられる。

ところが、途中から、話の内容が変わってくる。疫病の原因を、仏像を焼き払ったことに求める考えが世間に広まったとされるようになる。崇仏ではなく、廃仏が疫病流行の原因だというのである。

こうした世間の認識の変化があったためなのか、馬子は天皇から、自分一人で仏法を信仰することを許される。それだけでは、仏法は広まらないが、馬子は、武力によって守屋大連らの廃仏派を一掃してしまう。それによって、仏法を広めていく上での障害が取り除かれたのである。

これは、蘇我馬子の勝利であるとともに、仏法の勝利でもあった。馬子は、敏達天皇だけではなく、その後の用明天皇、崇峻天皇、推古天皇にも大臣として仕えた。推古天皇の時代になると、聖徳太子とともに仏法の興隆に尽力した。

馬子にそうした功績があったからこそ、崇仏派と廃仏派の対立抗争の物語が作られ、それは最終的に馬子ら崇仏派の勝利で締めくくられたのだろう。個人の功績を際立たせるためには、敵役が必要である。しかも、馬子はかの聖徳太子とともに仏法を広めることに尽くしたのだ。聖徳太子に実際どのような功績があったかを判断するのは難しいが、その後、太子信仰も生まれ、聖徳太子は日本仏教のはじまりに位置づけられるようになったことは事実である（詳しくは拙著『親鸞と聖徳太子』角川新書を参照）。

これは『親鸞と聖徳太子』でも紹介したが、仏教公伝から聖徳太子誕生までに起こった仏教関係の出来事を、それが記された文献とともにあげてみると、次のようになる。

553年〈欽明天皇14年〉5月
和泉の茅渟《ちぬ》海の浮遊霊木を拾って仏像を造らせる。〈日本書紀〉
554年2月
百済から五経博士・僧九人等が交代・派遣される。〈同〉
559年
西琳寺《さいりんじ》（古市寺。羽曳野市《はびきの》）が西文氏《かわちのふみうじ》の氏寺として創建される。〈西琳寺文永《ぶんえい》注記所院阿弥陀仏像銘〉
570年
この年、物部尾輿ら排仏派、元興寺堂舎を焼き、仏像・経典を難波江に棄てる。〈元興寺縁起〉
（山折哲雄監修『日本宗教史年表』河出書房新社）

このうち、西琳寺の創建については、『日本宗教史年表』では、実際は白鳳時代かとも注記されている。570年のことは、欽明天皇の時代の廃仏をさす。
ここに示されているように、仏教が公に伝えられて以降、聖徳太子が生まれるまでのあいだ、仏教が日本の社会にどの程度広がったのか、詳しいことは明らかになっていない。仏教関係の出来事についての記述が増えていくのは、太子が生まれて以降のことである。だからこそ聖徳太子は、日本仏教のはじまりに位置づけられることになったのだが、馬子の功績も決して小さくはない。日本書記に記されたことのすべてが真実ではないだろうが、聖徳太子登場の舞台を用意したのが馬子であった。

蘇我馬子と渡来人の関係

疫病との関連で注目されるのが、蘇我氏の出自である。蘇我氏が渡来人であったとする説が唱えられたことがあった。それは、門脇禎二が『新版　飛鳥——その古代史と風土』（日本放送出版協会）において1977年に唱えたものである。日本書紀で応神天皇25年（414年?）に渡来したとされる百済の高官、木満致《もくまんち》（木刕満致）と、蘇我氏が先祖とする蘇我満智が同一人物だということで、渡来人だというのである。

この説には、他の研究者も賛同したが、反対する研究者もいた。前掲の倉本は、さまざまな証拠をあげた上、「百済の高官が倭国に亡命して、そのまま倭国で臣姓を賜わり、このように重要な職掌を担うというのも、きわめて不自然である」と、門脇説を否定している。たしかに、蘇我氏が渡来人であったという明確な証拠はない。

倉本が蘇我氏の前身としてあげているのは、５世紀まで奈良県の北西部、葛城地方で勢力を広げた葛城氏である。葛城氏の動きは６世紀以降、はっきりしなくなるが、蘇我氏は、稲目の代に葛城の一族から独立したというのである。

そこで注目されるのが、蘇我氏と渡来人との関係である。倉本は、蘇我氏が葛城地方の中東部にある曽我の地に進出したか、あるいは、もともと曽我を本拠地としていたかで、葛城氏集団の大多数を傘下におさめ、それで、「対朝鮮外交の掌握や渡来人との関係」を掌中にしたとする。さらに蘇我氏は、渡来人が多く居住していた大倭の飛鳥地方と河内の石川地方に進出した。これは、蘇我氏が渡来人ではなかったとしても、渡来人と密接な関係をもっていたことを示している。それは、渡来人と関係をもつことが、日本で政治を進める上で重要不可欠なことだったからである。

渡来人の日本への移住は４世紀の終わりからはじまったとされる。そのなかには、朝鮮半島の人間とともに中国の人間も含まれていた。当時、日本に比べて中国が文化の上ではるかに進んでいたことは間違いない。そこから、欽明天皇が仏像を見て衝撃を受けたという話が生まれるのである。渡来人がいなければ、日本が文化的に発展していくことはなかったはずである。蘇我氏は、その点で渡来人との関係を重視したのだ。

中国での疫病の流行について、最初に記しているのが晋朝の葛洪《かっこう》（283〜343年）による医書「肘後方《ちゅうごほう》」である。そこでは、天然痘の流行が記録されている。天然痘は、渡来人とともに日本にもたらされ、それから流行がくり返されたことが考えられる。

仏教が日本に伝来するということは、さまざまなものが朝鮮半島や中国からもたらされるということであり、そこには、細菌やウイルスも含まれる。国際化は、必然的に、感染症の流入を生むのだ。当時は、感染症についての科学的な知識はまったくなかったわけだが、人々は、新たな文物や人物が入ってくることと疫病の流行とをどこかで結びつけた。そうした直感が、崇仏派と廃仏派の対立という、必ずしも歴史上の事実にもとづかないかもしれない物語を生んだのだ。

その物語において、崇仏派が勝利をおさめたということは、仏法を蔑ろにすることは、疫病を流行させることに結びつくという考え方が受け入れられたことを意味する。仏という異国の神を信仰することが疫病を生むという考え方は否定されたのだ。

このことは、次の章で述べる、奈良の大仏と疫病との関係に結びついていくのである。

第4章

天然痘の大流行が東大寺の大仏を生んだ

『日本疾病史』の意義

日本における疫病の歴史を追うときに必須の文献になっているのが、富士川游《ゆう》『日本疾病史』（平凡社東洋文庫）である。

富士川は1865年に現在の広島県で生まれ、広島医学校を卒業した後、明治生命の保険医となった。その後、ドイツに留学し、神経病学と理学療法を学ぶ。帰国後は医師として活動するとともに、医学史の研究を行い、1904年には『日本医学史』を著している。これは本格的な日本の医学史のはじまりとなるもので、33年には、それをダイジェストした『日本医学史綱要』（同）を刊行している。

『日本疾病史』は1912年に刊行されたものである。疾病と言えば病気全般をさすが、富士川が『日本疾病史』で扱っているのは疫病、感染症の数々である。対象になっているのは、痘瘡（天然痘）、水痘（水疱瘡）、麻疹（はしか）、風疹、虎列刺（コレラ）、流行性感冒（インフルエンザ）、腸窒扶斯（腸チフス）、赤痢という8つの流行病だった。『日本疾病史』が最初に刊行されたとき、「上巻」とされていたので、下巻では、一般の病気も扱う予定だったのかもしれないが、下巻は刊行されなかった。

富士川は『日本疾病史』を書くにあたり、各種の史料にあたって、日本でどういった疫病がいつ、またどのような形で流行したのかを明らかにしている。それを見ていくと、日本人はいかに多くの疫病にさらされてきたのかを改めて確認できる。

現在では、この『日本疾病史』をもとにしたデータベース化の試みも行われるようになってきた。それが、浜野潔「『日本疾病史』データベース化の試み」（『関西大学経済論集』第54巻巻3、4号合併号、２００４年）という論文である。

この論文のなかで浜野は、『日本疾病史』とともに、１８９４年に刊行された小鹿島《おがしま》果《はたす》『日本災異志』をもとに、それぞれの時代で、どれだけの頻度で疫病が流行したのかを数値化して示している。小鹿島は、工部省（廃止後は農商務省）鉱山局技師という官吏で、妻は教育者として名高い石井筆子である。小鹿島は、１８９２年に亡くなっているので、『日本災異志』は死後に刊行されたことになる。その第６巻が「疫癘《えきれい》之部」である。

浜野は、６９８年から１８６７年までの１１７０年間において、疫病の記録があるのは３６７年で、その比率は31・４パーセントだったとしている。つまり、３年に一度は記録があり、なんらかの疫病が流行したことになる。

その割合は時代によって変化しており、8世紀から平安時代中期にあたる11世紀半ばまではほぼ30パーセント台で推移していた。その後、鎌倉時代初期にあたる12世紀にかけては、おおむね10パーセント台後半に低下するものの、それ以降、室町時代中期の15世紀までは上昇していき、15世紀後半には42・0パーセントにまで達している。これが一つのピークだが、室町時代後期の16世紀から徳川時代初期の17世紀世紀前半にかけては20パーセント程度に低下する。そして、17世紀後半に入って急上昇するようになり、幕末には58・8パーセントにまで達している。

このデータからは、さまざまに重要なことを引き出すことができる。ただ、そのことは、これから随時ふれていくことになるので、ここでは詳しくは述べない。海外との交流ということが、そこに深くかかわっている可能性は十分に考えられる。

もう一つ、日本書紀に次ぐ第二の正史、「続日本紀」をもとに、奈良時代前後にしぼって疫病の流行の実態を明らかにしようと試みているのが、董科「奈良時代前後における疫病流行の研究――『続日本紀』に見る疫病関連記事を中心に」(『東アジア文化交渉研究』第3号、2010年)という論文である。

董は、第42代の文武天皇２年にあたる６９８年から延暦４年（７９０年）までの間、「続日本紀」に記録された疫病の流行を年表にしてまとめている。その際に、流行が日本国内の一国に限られるエピデミックと、多国にわたるパンデミックを区別し、前者を「流行」、後者を「大流行」と呼んでいる。

その期間、疫病の流行は49回に及んだが、流行は38回で、大流行は11回だった。董は、５年ごとにまとめて流行の傾向を見ているが、流行が激しかった時期は、６９７年から７２１年、７３２年から７４１年、７５７年から７９１年までの３回だった。董は、そこから、流行の盛んな頻発期と、それが稀な間欠期がくり返されたとしている。

董は、流行した季節に注目し、夏だけに限定された流行が20回で、春と秋に限定されるものが９回と６回であるとする。これだけで35回となり、49回のうち７割を占めている。これは、水田を耕作したり、河川や池からとれる魚や貝を食べることによる寄生虫病か、赤痢を含めた消化器系感染症によるものではないかという。

それに対して、大流行となるのは、疱瘡（天然痘）といった呼吸器感染のウイルスによるものだとする。大流行は、大宰府から東へと蔓延していく傾向が見られるので、海外から持ちこまれた可能性が考えられる。ただ、そうしたウイルスはこの段階ではまだ日本に土着するまでには至らなかったというのである。

天然痘による大流行が最初に起こったのが、天平7年（735年）から9年にかけてだった。富士川は、『日本疾病史』で、「我邦にありて、疱瘡の始めて流行せしことの史籍に見えたるは、已に前にも言ひし如く、奈良朝時代、聖武天皇の天平年間なり」と述べている。そして、「続日本紀」にもとづき、天平7年に、大宰府管内の諸国で疱瘡が大流行し、百姓はことごとく病に倒れたとする。大宰府は地方行政機関であるとともに、外交や防衛を役割としていた。

その大宰府からはじまった疫病は、夏から冬にかけて天下に蔓延した。天平9年にも同じように大宰府から疱瘡が流行し、筑紫から京都に及び、夏から秋にかけて天下に流行した。これによって公卿から百姓まで、この疱瘡によって亡くなったが、その数は、かつてないほど多かったという。

平城京を襲った疫病

天平7年の疱瘡が、いったいどういう経路で日本にもたらされたかはわからない。だが、天平９年の流行については、前年に派遣された遣新羅使によってもたらされた可能性が考えられる。

　聖武天皇は、天平８年４月に阿倍継麻呂を遣新羅使に任命し、一行は平城京を出発した。一行は九州北部を経由して新羅に向かったが、途中で疱瘡にかかり、新羅にたどり着く前に病死する者も出た。大使の阿倍継麻呂も、翌年１月、帰国の途中、対馬で病死している。そのとき対馬では疱瘡が流行していたのだろう、残された一行が平城京に戻ってくると、疱瘡の流行は大宰府からはじまり、全国に及ぶこととなった。

　日本から中国に遣隋使がはじめて派遣されたのは６００年のことで、遣唐使は６３０年からはじまる。遣新羅使も６６８年が最初だった。もちろん、中国や朝鮮半島との間の人的な交流はそれだけではない。時代が進むにつれ、次第に多くの日本人が中国や朝鮮半島にわたり、逆に、日本にやってくる中国や朝鮮半島の人間も増えていった。国際化がはじまったのである。

　それは、細菌やウイルスが大陸からもたらされることに結びついていく。もちろん、当時の人々に、細菌やウイルスについて科学的な知識があったわけではない。だが、疫病の流行が二度にわたって大宰府からはじまっている以上、それが海外からもたらされたという認識が生まれても不思議ではない。

そのあたりの事情は判明していないものの、このときの疫病は「鬼病」と呼ばれた。鬼病は猛威をふるい、平城京に甚大な被害を与える。

今日で言えば、内閣の大臣にあたる議政官のうち5名が鬼病によって亡くなってしまう。参議の藤原房前が天平9年4月17日に亡くなり、6月23日には中納言多治比県守《たじひのあがたもり》が、7月13日には参議藤原麻呂が、同月25日には右大臣だった藤原武智麻呂が、8月5日には参議藤原宇合《うまかい》が続けざまになくなっている。参議は2名を残すだけになった。

このうち、藤原武智麻呂、房前、宇合、麻呂は藤原不比等の子どもだった。不比等の父は、藤原氏の始祖とされる鎌足である。

さらに、四位以上では11名が亡くなっており、それは全体の3分の1だった。ハワイ大学の日本史の研究者であるウィリアム・ウェイン・ファリスは、『初期日本の人口・病・国土、645年から900年まで』(Farris, William Wayne. Population, Disease, and Land in Early Japan, 645-900. Harvard University, Asia Center 1985) という著作のなかで、天平9年における全国平均の死亡率が25~35パーセントにのぼったと推計している。100万人から150万人が亡くなった可能性も考えられ、大惨事となったのである。

聖武天皇は、藤原不比等の長女である宮子を母としていた。したがって天皇は、おじたちを次々と失ったことになる。天皇は、物資・湯薬の支給、租税の免除、大赦、神仏への祈願などを行わせた。

そして、天平９年10月には、平城宮南苑で、長屋王の子である安宿《あすかべ》王、黄文《きぶみ》王、円方《まどかた》女王、紀《きの》女王、忍海部《おしぬみべ》女王に叙位を行っている。このとき長屋王の子以外は対象になっていないので、長屋王の祟りを鎮めることが目的であったと考えられる。

長屋王は左大臣にまで昇進し、政界で大きな力を持った。ところが、疫病で亡くなる不比等の４人の子どもたち、藤原四兄弟と対立するようになる。ついには、国家を傾けようとしているという嫌疑をかけられ、宇合の率いる軍勢に邸を囲まれ、自殺に追い込まれた。長屋王を死に追いやった藤原四兄弟が次々と亡くなったことで、王の祟りが言われるようになった。ただ、これは、次の章以降で述べることとも関連するが、長屋王は、神として祀られるまでには至らなかった。

聖武天皇の皇后となったのが藤原光明子で、彼女は不比等の三女であった。母は県《あがた》犬養《いぬかい》三千代（橘三千代）であった。光明皇后は、母は異なるものの、疫病で兄弟を奪われたことになる。

吉川真司は、『天皇の歴史2　聖武天皇と仏都平城京』において、「疫病は人々に精神的打撃を与えるため、復興には宗教的救済が不可欠である。このような理由により、疫病大流行を境にして、聖武天皇は急速に仏教への傾倒を深めていった」と指摘している。

大仏に感銘を受けた聖武天皇

まず聖武天皇が行ったのが、国分寺の建立である。国分寺は、国分尼寺とともに各国に建立されることとなり、その中心である総国分寺となったのが東大寺であった。

東大寺の前身である金鐘寺のさらに前身となるのが、聖武天皇と光明皇后が、幼くして亡くなった基《もとい》王の菩提を弔うために若草山麓に建てた山房であった。これがやがて金鐘寺となり、天平14年に大和国の国分寺と定められたときには、金光明寺と改称された。東大寺の寺号が使われるようになるのは、天平19年頃からである。

聖武天皇は、天平13年2月14日に国分寺建立の詔を発布しているが、そのなかには、不作が続き、疫癘（疫病）がしばしば起こっていることが指摘されている。その原因は、自らの政治が悪いのであって、その反省から国分寺と国分尼寺を全国に建立するとしている。国分寺は最勝王経を、国分尼寺は法華経を根本経典とし、国分寺には七重塔を建てて、そこに金字の金光明最勝王経を安置するという。ここでは、疫病の流行が、不作の連続とともに、国分寺・国分尼寺建立の動機になっていることがはっきりと示されている。その建立を天皇に勧めたのが光明皇后だった。

国分寺建立の詔が発布される前年の天平12年に、聖武天皇は難波宮に赴いているが、その途中、河内国大県《おおがた》郡（現在の大阪府柏原市太平寺）にあった知識寺に立ち寄っている。この寺は、すでに廃寺となり、跡しか残っていないが、そこには盧遮那仏が安置されていた。それは巨大な塑像であった。天皇は、この大仏に参拝し、感銘を受けた。これが、東大寺における大仏の建立に結びついていく。

盧遮那仏《るしゃなぶつ》は、毘《び》盧遮那仏とも言い、「華厳経《けごんきょう》」の本尊である。「華厳経」は、漢訳では「大方広仏華厳経《だいほうこうぶつけごんきょう》」と言い、サンスクリット語の原語では、「仏の飾りと名づけられる広大な経」を意味する。時間や空間を超越した絶対的な存在である仏について説いた経典であり、３世紀ごろに中央アジアでまとめられた。毘盧遮那仏は太陽の輝きをもつ仏を意味した。

聖武天皇の治世では、不作が続き、疫病が流行しただけではなく、藤原広嗣の乱なども起こり、社会的な混乱が見られた。天皇は、それに対して遷都という手立てを講じ、恭仁宮、紫香楽宮、難波宮へと遷都を行い、5年して平城京に戻っている。

大仏は当初、紫香楽宮に近い甲賀寺で造立が試みられたものの、天平17年からは現在東大寺がある場所で再開され、19年から鋳造が開始された。20年には、造東大寺司が定められ、百済からの帰化人の孫である国中公麻呂《くになかきみまろ》が中心になって鋳造作業が進められた。

東大寺の大仏は銅像である。いったいこれだけの規模のものをどのようにして鋳造したか、その工程を想像するのは難しいが、大仏をよく見ると、横に筋が走っている。それは、以下のような方法で作業が行われたからである。

まず木や板で大仏の原形を作り、それを粘土で塗り固めて土型を完成させる。鋳造は何段階かに分けて下から行い、周囲に土を盛り上げて、土型と盛り上げた土の間に溶けた銅を流し込んでいく。この作業が8回くり返された。そのために筋が残っているのだ。鋳造作業全体に3ヶ年を要した。そのあと、外側に盛った土をどけ、銅像の表面を鑿《のみ》などで整形し、最後に鍍金《ときん》を施して完成にいたった。台座は、先に鋳造されたという説と後に鋳造されたという二つの説があるが、奈良の寺々をめぐった大江親通の『七大寺巡礼私記』では、台座が、大仏が完成した後、天平勝宝4年（752年）から5ヶ年をかけて作られたと記されている。

聖武天皇が発した「大仏建立の詔」には、「もし更に、人情《こころ》に一枝の草、一把《すくい》の土を持ちて像を助け造らむと願ふ者有らば、恣《ほしいまま》に聴《ゆる》せ」とあり、天皇は一般の民衆に対して、工事への参加を呼びかけている。また聖武天皇は、民衆を扇動したとして弾圧した行基の技術力や組織力を利用しようとして、大仏造営の勧進に起用している。行基の功績は大きく、最終的には朝廷から大僧正の位が贈られている。そこには、民衆の組織化なしには大仏の造営が不可能であったことが示されている。

高さ16メートルにも達する巨大な銅製の大仏を造ることがいかに困難な作業であったかは容易に想像できる。それまで、同種の試みはなされてこなかった。その作業において重要な役割を果たした帰化人のなかにも、そうした作業の経験がある人間はいなかったはずである。実際、溶かした銅を鋳型に流し込む作業は難航し、作業を進めるにはさまざまな創意工夫と新技術の導入などが求められた。

石仏なら、石から彫り出せばいい。しかし、銅製の仏像はそうはいかない。高さが高くなれば、下部にかかる負担は大きくなり、造立は困難さを増していく。そのなかで、16メートルにも達する大仏を作ろうと試みたことの意義を軽視すべきではない。奈良時代の日本人は、その難事業をやりとげたのである。

　中国における大仏の先例としては、7世紀後半に唐で作られた龍門石窟奉先寺洞の大仏がある。これは高さ13メートルの盧遮那仏で、高さでは東大寺に近いものの、石造で、銅像ではない。銅像の大仏としては、8世紀初頭、洛陽の白司馬坂に造られたとされるものはあるが、果たしてこれが実際に作られたかどうかはわかっていない。その点では、東大寺の大仏建立は、同時代の唐にも例をみない未曽有の試みであったことになる。

八幡神に対する信仰

　天平勝宝3年、大仏殿も完成し、同4年4月9日には、大仏開眼会が盛大に催された。その時点では、まだ鍍金は完成しておらず、大仏の一部にしか施されていなかった。それでも、この年が日本書紀による仏教公伝から200年目にあたっていることから、開眼会が急がれた。すでに譲位していた聖武太上天皇に健康上の問題があったため、時期が早められたという説もある。

　大仏開眼会には、聖武太上天皇と光明皇太后、それに孝謙天皇らが参列した。列席した僧侶は1万人にも及んだ。正倉院文書には、その僧侶たちの名簿が残されている。伎楽が奉納され、法要の導師は、大安寺にいたインドの婆羅門僧、菩提僊那《ぼだいせんな》がつとめた。ベトナムや唐、新羅の舞楽も披露された。大仏開眼会は、まさに国際的な大イベントであった。こうしたイベントが可能だったのは、海外の人間が日本に来るようになっていたからで、それこそが疫病流行の原因でもあった。

しかし、前の章で見た、仏教の受容をめぐる崇仏派と廃仏派の対立が崇仏派の勝利に終わったとする話は、事実ではないかもしれないが、仏教を信仰することが疫病の流行を生むのではなく、むしろ仏教を廃することが疫病の流行に結びつくと解釈されたことを示している。

聖武天皇は、それをさらに推し進め、疫病を退散させるためには、仏教の信仰を深めていくことが不可欠であると考えた。天平7年から9年にかけての疫病の大流行ということがなかったとしたら、果たして国分寺や国分尼寺が建立され、東大寺の大仏が誕生したのだろうか。疫病は、日本に仏教信仰を広めていく上で、極めて重要な役割を果たしたとも言えるのである。

さらにそこにかかわってくるのが、八幡神に対する信仰である。

神社の総元締めである神社本庁が、その傘下にある7万9355社の神社を対象に、1990年から97年にかけて行った「全国神社祭祀祭礼総合調査」によると、神社としてもっとも多いのは八幡信仰にかかわる神社だということが判明した。これは八幡神社や八幡宮、若宮神社と呼ばれるものだが、その数は7817社にも及んでいる。

それだけ、八幡神社に祀られる八幡神は、私たちにとって身近な神であるということになる。しかし、八幡神は、古事記や日本書紀にはまったく登場しない。それは、古事記や日本書紀が編纂されて以降、日本の社会に忽然と姿を現した神なのである。

八幡のことが最初に文書に登場するのは、疫病が大流行した天平9年のことである。しかも、そこには遣新羅使のことが関係していた。遣新羅使は新羅から受け入れを拒まれ、日本と新羅との関係は悪化するのだが、「続日本紀」によれば、そこで朝廷は、伊勢神宮、大神神社、筑紫国（現在の福岡県）の住吉と香椎宮、そして八幡に幣帛《へいはく》を奉り、この出来事を報告したというのだ。八幡以外の神々を祀る神社は、神話にもとづく有力な存在である。八幡神を祀る宇佐神宮は、それに肩を並べる存在として、突如、歴史書に登場したのである。

そして、天平勝宝元年10月に東大寺の大仏の鋳造が終わると、11月朔日には、八幡神に仕える八幡大神禰宜外従五位下大神杜女《おおがのもりめ》と主神司従八位下大神田麻呂に大神朝臣の姓が与えられた。そして、12月18日に八幡神は平群《へぐり》郡に迎えられ、そこに梨原宮という神宮が作られた。これが後の手向山《たむけやま》八幡宮である。

同月25日には、八幡大神禰宜大神杜女は、孝謙天皇、聖武太上天皇などとともに東大寺の大仏を礼拝している。大神杜女は、八幡神の依代《よりしろ》であり、シャーマンであったと考えられる。梨原宮では、僧侶を40人招いて悔過《けか》法要が営まれている。悔過法要とは、自らの罪を懺悔して仏に許しを請うための仏教儀礼である。

その際に八幡神は、「神である自分が天の神や地の神を率いて、必ずこの大仏建立という事業を完成に導きたい。建立に使われる銅を扱いやすい水に変え、作業に使われる草や木や土に自分のからだを混ぜ込んで、あらゆる障害を取り除こう」という託宣を下したとされる。八幡神は大仏を守護する存在となったのである。

疫病をもたらす恐ろしい神？

八幡神がどのような神なのかについて記したものに「宇佐八幡宮弥勒寺建立縁起」と

「八幡宇佐宮御託宣集」がある。前者は、「建立縁起」あるいは「承和縁起」、後者は「託宣集」と略称される。これは、神社の由緒について記した「社伝」ということになるが、社伝一般がそうであるように、どこまで正確に歴史を伝えているのかはわからない。

そうした問題はあるのだが、「託宣集」には、八幡神の起源にかんして、「辛国《からくに》の城に、始めて八流の幡《はた》と天降って、吾は日本の神と成れり」という一文が出てくる。辛国は韓国のことであり、辛国の城とは朝鮮半島からの渡来人が生活するようになった地域のことをさすと考えられる。そこに八幡神が天降り、日本の神となったというのである。ということは、八幡神は日本に固有の神ではなく、外来の神、韓国の神であったことを意味する。

一方、「承和縁起」には注目される記述がある。そこでは、八幡神が宇佐神宮に祀られるまでの経緯について述べられているのだが、現在地の小椋山に鎮座するまでに、現在の乙咩《おとめ》社、泉社、瀬社を経て、鷹居社、小山田社へと移っていったとされる。たんに遷座をくり返しただけではなく、鷹居社の時代には、そのこころが荒れて、5人のうちなら3人を殺し、10人のうちなら5人を殺すほどだったというのである。

八幡神は荒ぶる神であり、そのこころが和《やわら》いでから、ようやく社殿を建てて奉斎がかなうようになったというのだ。一旦顕《あらわ》れた神が遷座をくり返していくことは、第2章で見たように、天照大神が伊勢に祀られるまでの経緯についての伝承に見られた。天照大神も、天皇の近くに祀られていたときには疫病をもたらしたとされている。

八幡神のこころが荒れたことについて、疫病が流行したとは述べられていない。しかし、多くの人たちを死にいたらしめたということは、疫病を流行させたからではないだろうか。

これはあくまで推測だが、疫病をもたらす恐ろしい神であるからこそ、それを丁重に祀ることが求められたのではなかっただろうか。八幡神が、疫病を鎮めることを一つの目的として造立された東大寺の大仏を助け、守護するために上京したのも、そのことが関係していたように考えられる。

八幡信仰の中心である宇佐神宮には、「放生会」という行事が伝えられている。明治14年以降は、仲秋祭と呼ばれる。放生会という呼び方では、仏教の行事に思えるからだ。その際には、魚や鳥を放ち、肉食や殺生を戒めることになる。

放生会の起源は、養老4年（720年）に勃発した隼人の反乱が関係している。隼人は、九州南部に住んでいた部族のことで、大和朝廷は1年半をかけて隼人を鎮圧した。ところが、その後、宇佐地方では作物の不作や疫病の発生ということが起こった。「承和縁起」によれば、八幡神は「隼人らを多く殺したる報いに、年ごとに放生会を修すべし」という託宣を下したという。

この際の疫病がいつ起こったのかはわからないが、反乱が721年に鎮圧されたとするなら、その14年後に天平7年からはじまる疫病の流行が起こっている。宇佐は、流行がはじまった大宰府と同じく北九州にある。放生会も、天平7年から9年にかけての疫病の流行が生んだものである可能性が考えられる。

遷都がくり返された背景

疫病をおさめるために建立された東大寺の大仏であるが、別の病を生んだのではないかという疑いがある。

大仏は銅像で、しかも鍍金が施された。そのため、造立には大量の金属が必要だったわけだが、嘉承元年（1106年）に成立した『東大寺要録』には、どれだけの量の金属が使われたかが記録されている。それは次のようなものだった。

熟銅（精錬銅）　73万９５６０斤
白鑞《しろめ》（鉛と錫の合金）　１万２６１８斤
錬金　１万４３６両
水銀　５万８６２０両
木炭　１万６６５６斛《こく》

このなかで注目されるのが水銀である。一両が37・７９９グラムだから、５万８６２０両は、およそ２２１６キログラムに相当する。

この水銀は無機水銀であり、鍍金の過程で用いられた。蒸発した無機水銀を大量に吸入してしまうと、気管支炎や肺炎、尿毒症などを発症する。となると、大仏の建立が、今日で言う公害を生んでいたのではないかという可能性が浮上する。

そこで問題になるのが、東大寺の東側にある標高３４２メートルの若草山である。この山には木が生えていない。ところが、大仏開眼会から間もない７５６年に描かれた

「東大寺山堺四至図」を見ると、若草山に木が生えていたことが分かる。

従来は、農民が山焼きをするようになってから樹木が生えなくなったと言われていた。ところが、仏教美術を専門とする杉山二郎が１９８６年に『大仏以後』（学生社）という本を出版し、そのなかで、大仏建立のために使われた銅の廃液を若草山に流したことで、樹木が生えなくなったという説を発表した。

これに対して、２００４年に、環境問題を専門とする白須賀公平が、当時のより重要な問題は銅による被害ではなく、水銀による被害だという説を日経新聞の紙上で発表した（5月7日付）。白須賀は、若草山に木が生えないのは水銀のせいだと言っているわけではなく、あくまで環境破壊としての水銀の問題を指摘していた。

その際に、白須賀は、若草山の土中の水銀濃度を測定することを提案していたが、それは、東京大学大気海洋研究所の川幡穂高らによって測定され、２０１４年に論文として発表された（Heavy metal pollution in Ancient Nara, Japan, during the 8th century〔8世紀の奈良平城京における重金属汚染〕, By KAWAHATA, H., Yamashita, S., Yamaoka, K., Okai, T., Shimoda, G., and Imai, N.〔川幡穂高、山下宗佑、山岡香子、岡井貴司、下田玄、今井登〕、Progress in Earth and Planetary Science 2014, 1:15）。

それによれば、若草山の古土壌の精密化学分析を行ったところ、水銀や銅による汚染は限定的で、現代の基準に照らし合わせても問題のないレベルであるという結果が出た。これで、杉山説は成り立たないことが証明された。

しかし、これはあくまで若草山の土壌の問題であり、大仏に鍍金を施す過程で、その作業に携わった当時の人々が、そこからどういう影響を受けたかはわからない。

大仏が建立された奈良時代の都は平城京ということになるが、すでに述べたように、遷都がくり返されていた。７８４年には長岡京への遷都が行われた。しかし、７８５年に造長岡京使だった藤原種継が暗殺されるなどしたため、都はかなりできあがっていたものの、７９４年に平安京に遷都された。

天平7年（735年）から9年にかけての流行の後も、疫病の流行はくり返されており、757年以降は6回にわたって大流行も発生している。遷都がくり返された背景には、それが深くかかわっていたのではないだろうか。

藤原種継の暗殺事件においては、早良《さわら》親王が関与したとされ、乙訓《おとくに》寺に幽閉された。その際に無実を訴えるため断食し（あるいは飲食を禁じられ）、淡路へ流刑となる途中で亡くなっている。これは、延暦４年（７８５年）のことだった。

延暦9年の段階では、すでに早良親王の祟りということが言われていた。そこには、疫病の度重なる流行ということが関係していたに違いない。

この時期は、すでに天皇は桓武天皇となっていたが、その周辺で病にかかったり、亡くなる人間が多く出たため、早良親王の墓に墓守をおき、墓のまわりにからぼりを掘って、穢れがその外に伝染しないよう策が施されたりもした（山田雄司『怨霊とは何か　菅原道真・平将門・崇徳院』中公新書）。

延暦19年に早良親王は、崇道《すどう》天皇と追謚《ついひ》される。貞観年間（859～877年）には、京都の鬼門に位置する高野村（現在の京都市左京区上高野）に崇道天皇を祭神とする崇道神社が創建された。また、京都市上京区にある上御霊神社や中京区の下御霊神社では、崇りをもたらしたとされる伊予親王や藤原夫人などとともに、崇道天皇が祭神として祀られている。こうした神社の創建は平安時代に入ってからのことである。次には、平安時代における疫病と神仏との関係を見ていくことになる。

第5章 祇園祭の起源は疫病退散

疫病の流行で行われた改元

令和に改元されたのは、2019年5月1日のことである。これは第126代の徳仁《なるひと》の即位にもとづくもので、現在では、元号法の規定がもとになっている。元号法では、「元号は、皇位の継承があった場合に限り改める」と、一世一元の制がとられている。

しかし、これが明治時代よりも前であったら、すでに令和は改元されていたかもしれない。昔は、感染症の流行によって改元されることが珍しくなかったからである。

改元は主として4つに分類される。

一つは、令和がそうだが、天皇の交替による代始《だいはじめ》改元である。もう一つ、甲子《こうし》、戊《ぼ》辰《しん》、辛酉《しんゆう》にあたる年に改元される革年《かくねん》改元がある。さらに、吉事での祥瑞改元や凶事での災異改元がある。新型コロナ・ウイルスの流行によって改元が行われるとすれば、災異改元ということになる。

元号の制度は中国を真似たもので、最初の元号は645年の大化だった。大化の改新が行われたのは大化元年のことである。大化6年に白雉《はくち》に改元された。これは、長門国から珍しい白い雉が献上されたことによる。

ところが、白雉5年（654年）に第36代の孝徳天皇が崩御すると、元号は使われなくなる。第40代の天武天皇の時代だった686年に朱鳥（朱雀とも）という元号が定められたものの、その年に天武天皇が崩御し、新たな元号は定められなかった。本格的な元号のはじまりは、701年からの大宝に求められる。

大宝と定められたのは、対馬国から金が献上されたためで、祥瑞改元ということになる。その後、しばらくのあいだ代始改元や祥瑞改元が続くが、最初の災異改元となったのが、923年の延喜から延長への改元である。前年に干ばつが起こり、この年には京の都で「咳病《がいびょう》」が流行する。咳病はインフルエンザのことと考えられるが、醍醐天皇の皇子だった保明親王がそれで亡くなっている。これは、菅原道真の祟りと関係づけられることになるのだが、それについては次の章で詳しく述べることになる。

これ以降、地震や風水害といった自然災害が起こったときもそうだが、疫病の流行によって改元が行われるようになる。平安時代では、長徳（995年）、長保（999年）、長元（1028年）、寛徳（1044年）、天喜（1053年）、承暦（1077年）、嘉保（1095年）、大治（1126年）、長承（1132年）、応保（1161年）、安元（11

75年）への改元が、それにあたる。

それだけ頻繁に疫病の流行がくり返されてきたことになるが、前の章でふれた浜野潔『日本疾病史』データベース化の試み」では、50年ごとに区切って、そのあいだに、疫病が流行したことが記録された年が何回あったかが示されている。

それによれば、801年からの50年間のうち、該当するのは19年だった。794年から平安時代がはじまっている。発生年頻度は0・380となる。この期間、4割近い年に発生していることになる。

その後の851年からでは13年（0・260）、901年からでは18年（0・360）、951年からでは15年（0・300）、1001年からでは18年（0・360）、1051年からでは9年（0・180）、1101年からでは16年（0・320）、1151年からでは8年（0・160）である。鎌倉時代がいつからはじまるかでは、いろいろと議論があるが、現在では、守護・地頭設置権が認められた1185年が有力である。

こうした数字を見ていくと、平安時代の人々が、さらには鎌倉時代の人々が、いかに頻繁に疫病の流行を経験してきたかがわかる。前の章で奈良時代のことを見たが、奈良時代から平安時代にかけては疫病が頻発した時代だったのである。

八坂神社の祭神

日本は自然災害の多い国である。２０１４年の防災白書によれば、２００３年からの10年間で、世界ではマグニチュード６・０以上の地震が１７５８回起こっているが、そのうち日本では３２６回も起こっている。これは、世界全体の18・５パーセントに相当する。

また、風水害も多い。それは、私たちが毎年のように経験しているところである。昔は、地震や風水害が起こり、それで甚大な被害が生じると不作となり、飢饉が発生した。それが、疫病を流行させることにも結びついた。まさに悪循環である。

とくに都市では、人口が密集することで、感染が広がりやすい状況が生まれた。したがって、平城京や平安京では、疫病の被害は甚大だった。そこで当時の人々は、疫病退散を神仏に祈ったのである。

さらにそこには、前の章でもふれたように、祟りということがかかわっていた。政治をめぐってはさまざまな対立が生まれ、それは権力をめぐっての激しい抗争へと発展した。その抗争に敗れた側は恨みを抱きながら亡くなり、あるいはそうして死んだと考えられることで、死後に祟るという出来事が起こった。祟りの具体的な現れの一つが疫病の流行だったのである。

平安時代になると、恨みを残して亡くなり、死後に祟った人物については、「御霊《ごりょう》」と呼ばれるようになる。その代表が、前の章の最後でふれた早良親王などということになるが、863年（貞観5年）には、京都の神泉苑において、こうした御霊の鎮魂のために「御霊会」が行われている。「日本三代実録」によれば、その際、鎮魂の対象となったのは、崇道天皇、伊予親王、藤原夫人、及び観察使、橘逸勢《たちばなのはやなり》、文室宮田麻呂《ふんやのみやたまろ》などである。

崇道天皇は早良親王のことである。伊予親王は807年の伊予親王の変で謀反の疑いをかけられ自害した。藤原夫人はその母で、息子とともに自害した。観察史が橘逸勢をさすのか、それとも、その職にあった藤原仲成や藤原広嗣などをさすのかはっきりしないが、橘逸勢は、藤原氏が他氏を排斥しようとした承和の変で流罪になっている。文室宮田麻呂も謀反の疑いで流罪になり、そのまま亡くなったものと考えられる。藤原仲成は、藤原薬子による薬子の変で射殺されている。藤原広嗣は反乱を起こし、処刑された。

それは藤原広嗣の乱と呼ばれる。

こうした人物は、いずれも後に冤罪であったとされる。御霊会について記した日本三代実録では、「並びに事に坐して誅せられ、冤魂をなす。近代より以来、疫病繁く発り、死亡するもの甚だ衆《おお》し。天下以為《し》く。此の災、御霊の生む所なり」と述べられている。彼らは冤罪であり、最近疫病が頻発するのは、その御霊のせいだというのである。

御霊会の前身となったのが、「疫神祭」や「道饗祭」である。

疫神祭については、「続日本紀」の神護景雲４年（７７０年）６月23日のくだりに、「京師の四隅と畿内の十堺に疫神を祭る」という記載がある。これは奈良時代のことなので、京師とは平城京のことをさす。その四隅や畿内の境界で疫病をもたらす疫神を祭ったというのだ。

道饗祭については、７５７年に施行された「養老律令」の第６「神祇令」で定められており、八衢《やちまた》比古《ひこ》神・八衢比売《ひめ》神・久那斗《くなど》神を都の四隅の道の上で祭り、疫神が都に入ってくることを防ごうとするものである。これは、６月と12月に行われた。

その後の御霊会を追うならば、会場は神泉苑から別の場所に移される。９４９年（天暦３年）には、西寺御霊堂で行われたとされる（「北山抄」）。平安京への遷都が行われた際、官寺としては東寺と西寺が設けられた。西寺はその後廃寺になってしまうが、九条大路に面した西寺の東南の角には御霊堂が建っていた。

958年(天徳2年)の御霊会は、この西寺御霊堂のほかに、上出雲寺御霊堂、祇園天神堂で催されている(「類聚符宣抄」三)。上出雲寺御霊堂は現在の上御霊神社のことである。そして、祇園天神堂とは現在の八坂神社のことである。

鎌倉時代末期に成立した「社家条々記録」によると、八坂神社の創建は貞観18年(876年)のこととされる。南都の僧、円如が建立し、薬師如来や千手観音の像を祀った。そして、その年の6月14日には、「天神、東山の麓の祇園林に垂跡して御坐す」とある。天神が東山の麓に降ったというのだ。

ただ、八坂神社の社伝である「祇園社本縁録」には、それに遡る貞観11年6月7日に、天下に疫病が流行し、朝廷の命令を受けた卜部日良麻呂が、諸国の数にちなんで66本の長さ二丈の矛を建て、同じ月の14日に、洛中の男児と近隣の百姓を率いて神輿を神泉苑に送り、そこで祀ったとある。これを祇園御霊会と称し、毎年6月7日と14日が恒例になったというのである。

これだと、八坂神社が創建される前にすでに祇園御霊会が催されていたことになってしまう。それは矛盾しているようにも思えるが、「社家条々記録」の方では、創建とされる貞観18年の翌年、元慶元年に疫病が流行し、伊勢神宮と伏見稲荷神社に勅使を遣わして祈願したが、効果がなかったため、改めて東南の方角の「神明」を探し、八坂神社に勅使を遣わして、官幣を宝前に奉ったとされる。すると、「疾病、忽ちに除去」された。そこで、摂政だった藤原基経が居宅を寄進し、堂宇を建てるとともに、「天王・婆《は》利《り》女《にょ》・八王子等の霊体を安置し奉」ったという。

現在の八坂神社の祭神は、素戔嗚尊《すさのおのみこと》、櫛稲田姫命《くしいなだひめのみこと》、八柱御子神《やはしらのみこがみ》である。ところが、明治時代より前には、牛頭天王《ごずてんのう》、頗梨采女《はりさいにょ》、八王子が祭神だった。

六国史に次ぐ歴史書の「本朝世紀」に、牛頭天王という祭神の名前が現れるのは、久安4年（1148年）からのことである。当初、八坂神社の祭神の中心は天神だった。

ここまで八坂神社として説明してきたが、創建された段階では、神社ではなく寺院だった。観慶寺という名前で、祇園寺とも呼ばれた。その観慶寺の境内に天神堂が設けられ、そこに天神と婆利女、そして八王子が祀られた。婆利女は、頗梨采女のことである。

観慶寺は、官大寺や国分寺に次いで国家から特別な待遇を受けていた定額寺ともなった。元徳3年（1331年）に作られた「祇園社古絵図」を見ると、そこでは祇園社の社殿が大きく描かれている。その西に薬師堂が描かれ、そちらには観慶寺と注記されている。この絵図は、寛和2年（986年）に遡る可能性のあるもので、その時代には寺の方が衰えて、天神堂は祇園社として発展していたことを示している。

天神と言えば、現在ではもっぱら菅原道真を祀る天満宮のことをさすようになっている。けれども、天神地祇ということばがあるし、天神は、天の神や天空神一般をさして使われる。そもそも日本の神々は天にある高天原から降ってくるものとも考えられているわけで、天神は神と同義であるとも言える。

天神堂が重要性を増すことで、観慶寺は、祇園天神堂、あるいは祇園感神院、祇園社と呼ばれることが多くなっていく。所功は、長徳2年（996年）に二十二社のなかに八坂神社が加えられたのも、神社として扱われるようになったからであろうと指摘している（『京都の三大祭』角川ソフィア文庫）。

ではなぜ祇園という名称が使われたのだろうか。八坂神社のあるあたりは、現在、祇園と呼ばれている。祇園にあるから祇園寺や祇園社というわけではない。事実はその逆である。

祇園とは、インドにおいて釈迦に寄進され、そこに祇樹給孤独園精舎《ぎじゅぎっこどくおんしょうじゃ》という僧院が建てられたことに由来する。祇樹給孤独園精舎を略して祇園である。牛頭天王は、この祇園精舎の守護神であるとされる。

インドで祇園の土地を寄進したのは、須達長者である。所功は、藤原基経の行為が、それに似ていたため、祇園と呼ばれるようになったのではないかと述べている。

祭神とされた牛頭天王

現在、祇園祭と言えば、山鉾巡行のことがまず最初に思い起こされるが、本来の祭は、巡行が行われた後、夕刻から行われる神幸祭の方である。神幸祭には、中御座神輿、東御座神輿、西御座神輿と呼ばれる3基の大神輿が登場し、氏子町内を渡っていく。１０００人を超える男たちが神輿を担ぎ、神輿が暴れ狂うので、山鉾巡行とは対照的に、祭は勇壮なものに転じていく。

この神輿の渡行がはじめて記録にあらわれるのは、12世紀後半に描かれた『年中行事絵巻』においてである。これは、後白河上皇が常盤光長らに描かせたもので、原本はしだいに散失し、おまけに江戸時代の内裏の大火で焼失したため、一部模本が残されているだけである。その6ノ12に、御霊会のことが記され、そこでは田楽、散楽、獅子などに囲まれた3基の神輿が認められる。

一方、山鉾巡行のはじまりは、長保元年（999年）に、曲芸や手品を行う雑芸者の無骨という人物が、天皇の即位儀礼である大嘗祭で悠紀《ゆき》・主基《すき》両国の役人が立つ場所の目印として使われる「標山《ひょうのやま》」に似せて作山を作り、行列に加ったのが最初であるとされている。もっともこの話にどれだけ根拠があるのかは分からない。

それでも、室町時代の14世紀になると、公家の日記に、毎年の祇園会に鉾が登場したことが記録されている。そして、「祇園社記」という資料には、応仁の乱（1467年）の前の段階で、58基の山鉾があったと述べられている。

このように、八坂神社も祇園祭も、疫病の流行ということと深くかかわる形で誕生したものだが、一つ、ここで注目しなければならないのが、祭神とされた牛頭天王のことである。

牛頭天王については、山本ひろ子『異神』（上下、ちくま学芸文庫）が詳しい。山本は、牛頭天王は、日本古来の神ではないという点で、「異神」の仲間に属するとしている。ただ、同じく異神である新羅明神《しんらみょうじん》や摩多羅神《またらしん》とは異なり、日本各地で祀られ、広く民衆の崇敬を獲得していったという。

牛頭天王の一つの特徴は、他の存在と習合し、それが重要な意味をもっていることにある。習合した対象としては、武塔神《むとうしん》（天王）、天刑星、素戔嗚尊などがあげられる。

牛頭天王の縁起について語ったものとしては、「祇園牛頭天王御縁起」、「簠簋内伝《ほき》」、「祇園大明神事」、「牛頭天王因縁」などがあげられるが、「祇園牛頭天王御縁起」では、以下に述べるように、牛頭天王は武塔天王の子どもとされ、頗梨采女や、疫病除けの物語として各地に伝わる蘇民将来《そみんしょうらい》とのかかわりについて述べられている。

須弥山の半腹に豊穣国があり、武塔天王はその王だった。武塔天王には子どもが一人いたが、7歳のときには7尺5寸あり、頭の上には3尺の牛頭と3尺の赤い角があった。武塔天王は、その子に王の位を譲り、牛頭天王という称号を与えた。

牛頭天王は妃が欲しいと思ったが、その姿を恐れ、誰も近づいてこない。すると山鳩が来て、サーガラ龍王の第3女、婆利采女を妃にするようにと告げた。そこで天王は、山鳩に案内され、竜宮に向かう。

その途中で、日が暮れたので、巨旦《こたん》長者に宿を乞うと、欲張りな巨旦はそれを拒む。天王は、それに怒り、この一族を蹴殺してしまおうとこころに誓う。次の家で、同じように宿を乞うと、最初は、みすぼらしい家なのでと辞退されたものの、天王には茅の席を、家来には茅の筵を用意し、粟飯でもてなしてくれた。翌朝、天王は感謝し、名を尋ねると、蘇民将来だという答えが返ってきた。天王は、願いがかなうという牛玉《ごおう》を蘇民将来に与える。

竜宮に到着した天王は、そこで8年間を過ごし、婆利采女との間に子どもを8人もうける。それから国に戻るが、またその途中、蘇民将来に宿を借りる。蘇民は、もう一度天王を泊めたいと考えており、牛玉に願ったところ、珍しい宝が湧き出し、それを不思議に思っていると、天王がやってきたのだった。

天王は、眷属のなかの見目《みるめ》と嗅鼻《かぐはな》に、巨旦の家を偵察してくるようにと命じる。二人が行ってみると、巨旦は占い師に、最近おかしな出来事が起こる理由を占わせていた。その結果、三日以内に大凶となるが、それは牛頭天王の罰だと出た。巨旦は驚いて、どんな祈禱をしたらいいかと占い師に尋ねると、たとえ三伏祭をしても不可能だという答えが返ってきた。巨旦が、諦めきれずに懇願すると、占い師は、千人の僧侶を集め、大般若経を七日七夜読誦させれば、逃れられるかもしれないと告げた。

天王は、二人の報告を聞いて、八万四千の眷属に巨旦の家を攻めさせるが、読誦の効果があり、侵入を拒まれてしまう。それを聞いた天王は、千人の僧侶のなかに、酔いしれて、経を読んでいない者がいて、時々目をさまし、他とは別の箇所を読むので、それを突破口にすれば乱入できるから、巨旦とその一族をことごとく蹴殺せと指示した。

それを聞いた蘇民将来は、巨旦の家には自分の娘がいるので、それだけは助けて欲しいと頼んだ。天王は、茅の輪を作って、それを赤い絹で包み、「蘇民将来の子孫」と書いた札を娘の帯につければ、災難を免れることができると教えた。眷属たちは、天王のことば通りに、違う文字を読んでしまった僧侶を見つけ、それを突破口に乱入し、巨旦一族を殲滅してしまった。

これが、「祇園牛頭天王御縁起」で述べられた話である。ここに登場する蘇民将来の話は、「備後国風土記」逸文にある。これは、鎌倉時代中期に神道家の卜部兼方が記した「釈日本紀」に引用されたもので、広島県福山市新市町大字戸手にある素盞嗚神社の摂社、疫隅国社《えのくまのくにつやしろ》の縁起譚になっている。

ただし、「備後国風土記」逸文には、牛頭天王は登場せず、蘇民将来の家に泊まったのは武塔神となっている。その武塔神は、自ら「速須佐雄能神」、つまりは素盞嗚尊と名乗ったとされる。ただし、この逸文は、もともとの風土記にあったものではなく、鎌倉時代初期に作られたものではないかとも言われている。

蘇民将来と記した護符は、疫病除けとして、全国にある素盞嗚尊を祭神とする神社などで配られている。京都の八坂神社では、祇園祭の祭に、「蘇民将来之子孫也」と記した「厄除ちまき」が配られる。

他の地域では、注連《しめ》飾りに「蘇民将来子孫家門」といった木札をつけたものや、蘇民将来と記した六角柱（もしくは八角柱）のこけし型が授与される。

蘇民将来子孫家門と記した護符では、その裏面に「急急如律令」と書かれている。これは、もともとは陰陽師が唱えた呪文で、映画『陰陽師』にも登場した。急急如律令の本来の意味は、至急律令のごとくに行えだが、陰陽道の世界では、悪鬼を退散させるための呪文として用いられるようになった。

祇園信仰と祭り

牛頭天王が習合した相手として天刑星のこともあげたが、天刑星は、平安時代の「辟《へき》邪絵《じゃえ》」に登場する。辟邪絵は、疫鬼を懲らしめる神々を描いたもので、天刑星は善神で、牛頭天王を食べてしまっている。

問題は、素戔嗚尊との関係である。

日本書紀の一書第四には、素戔嗚尊が「新羅国に降到り、曽尸茂梨《そしもり》の処に居します」と述べられている。実際、ソウルから東北東およそ１００キロのところには、牛頭山と呼ばれる小さな墳丘がある。ソシモリとは、高い柱の意味で、それは神を迎えるためのものである。古代韓国語で、ソシの音に牛の字を、モリに頭の字をあてると、ソシモリは牛頭になる。

素戔嗚尊は、神話に登場する神であり、皇祖神である天照大神の弟とされている。ただ、古事記でも語られているように、相当に暴力的な神でもある。日本書紀の一書は、その素戔嗚尊が最初、朝鮮半島の新羅に天降ったとしているわけである。

その素戔嗚尊と習合した武塔神の武塔は、「ムータン」と呼ばれる朝鮮半島のシャーマンのことを意味しているという説がある。牛頭天王＝武塔神＝素戔嗚尊は、外来の神であり、そのために、やはり外からやってくる疫病と結びつけられた可能性も考えられる。

全国には、素戔嗚尊、もしくは牛頭天王を祀る神社が数多く存在している。それは一括して「祇園信仰」関係の神社ということになるが、神社の数では7位である。

そのなかには、いくつかの系統があり、八坂神社の系統では、八坂神社、弥栄神社、祇園神社などと呼ばれる。

これとは別に、兵庫県姫路市の広峰山の山頂にある広峯神社の系統がある。これについては、吉田神道を開いた吉田兼倶が室町時代に二十二社について記した『二十二社註式』において、「牛頭天王は初めて播磨明石ノ浦に垂迹し、広峯に移る、その後北白川東光寺に移り、その後元慶年中（877〜885年）に感神院に移る、託宣に我は天竺祇園精舎の守護の神なりと云々、故に祇園社と号す」と述べている。

さらにもう一つ、愛知県津島市にある津島神社の系統がある。津島神社の由来は必ずしもはっきりしないが、中世から近世にかけては、津島牛頭天王社と呼ばれていた。

こうした祇園信仰の神社では、さまざまな形で祭りが営まれているが、京都の祇園祭とともに名高いのが福岡の博多祇園山笠で、これは博多区の櫛田神社の祭礼である。この祭は、鎌倉時代に、博多の承天寺の開山となった聖一国師が疫病退散のためにはじめたともされる。室町時代に、京都の祇園社から祭神を勧請し、やがて博多の町衆が担い手となっていった。祭のクライマックスは、舁山《かきやま》が疾走する「追い山」である。

ほかにも、福島県会津の田島祇園祭、埼玉県熊谷市鎌倉町の愛宕神社に合祀されている八坂様のうちわ祭、神奈川県藤沢市江島神社の末社八坂神社の天王祭、岐阜県垂井町八重垣神社の垂井曳山祭、愛知県津島市津島神社の天王祭、島根県津和野町弥栄神社の鷺舞、福岡県北九州市の戸畑祇園大山笠などが、京都の祇園祭の影響を受けた祭である。大阪の岸和田市、岸城神社の岸和田だんじり祭は、勇壮なだんじりの疾走で名高いが、岸城神社は牛頭天王社と八幡社を合祀して成立した神社である。

疫病への恐れが祇園信仰を生み、全国にさまざまな祭を生んできた。そこには、疫病退散の願いがこめられているのである。

第6章 菅原道真を怨霊とした咳病はインフルエンザ

道真が詠んだ望郷の詩

「謫居春雪《たっきょ》」と題された漢詩がある。謫居とは、追放された住まいのことである。これを詠んだのが、この章の主人公菅原道真である。道真は、官僚として大きな出世を遂げるが、突然左遷され、大宰府に赴いた。道真はその際、大宰権帥《だざいのごんのそち》に降格されるが、それは左遷された人物がつく役職だった。「謫居春雪」は、次のような詩である。

盈城溢郭幾梅花
猶是風光早歳華
雁足黏将疑繫帛
烏頭点著思帰家

城に盈《み》ち郭《くるわ》に溢るるは　幾《どれほど》の梅花なのだろう。
猶是《やはりこ》の風光は早歳《そうさい》の華だ。
雁の足に黏《ねばりつ》将いているので　帛《てがみ》を繫《つな》いでいるのかと疑い、
烏の頭に点著《つ》くので　家に帰れるかと思うのだ。

この詩では、咲いた梅が、今年見るはじめての花だとされる。そして、雁の足についている白いものから、匈奴《きょうど》にとらえられた中国漢の時代の蘇武が雁の足に手紙をくくりつけ、それで救われた故事を思い出す。最後は、秦の人質となった燕の太子である丹が、烏の頭が白くなり、馬に角が生えたら帰そうと言われ、それで祈ったところ、その通りになり、帰れたという故事が下敷きになっている。

道真の生まれた菅原氏は、もともと土師氏だったが、道真の曽祖父の時代に改姓し、祖父の清公《きよきみ》からは三代にわたって大学で詩文と歴史を教える文章博士《もんじょはかせ》をつとめた。清公は、あわせて中国の文学や歴史を教える私塾を開くようになり、道真もそれを継いだ。そこに多くの塾生が集まり、廊下にまであふれたため、「菅家廊下」と言われた。

こうした家に生まれた道真は、11歳ではじめて「月夜見梅華」という漢詩を詠んでいる。はじめての詩でも梅が詠まれた。そして、大宰府で詠まれた「謫居春雪」は、道真最後の漢詩となった。道真は、その詩を詠んだ直後の延喜3年（903年）2月25日に、大宰府に流されたまま亡くなっている。59歳だった。「謫居春雪」は、望郷の詩であり、道真は都へ戻ることを願いつつ亡くなったことになる。

11歳の「月夜見梅華」では、梅の花の香りを巧みな譬喩《たとえ》を用いて愛《め》であげているが、そのときの道真は、その後の自分がたどる数奇な運命については、まったくそれを予想していなかったはずだ。

というのも、道真が生まれた菅原の家は、それほど身分が高いとは言えなかったからである。祖父の清公は、その父親を超えて、はじめて参議となり、公卿に列せられた。父親の是善《これよし》も、参議となり、従三位までのぼりつめるが、道真の従二位、右大臣にはとてもかなわない。道真は、異例の出世を遂げたとも言える。それが、左遷の原因ともなったのである。

平安時代の政務運営についての事例集である「政事要略」には、道真に左遷を命じる醍醐天皇の宣命がおさめられている。それによれば、道真は貧しくて低い家柄であったにもかかわらず、大臣に引き上げてもらった。ところが、政治的な野心を抱き、宇多法皇を欺いて、醍醐天皇の廃立を企んだ。それは、天皇親子や兄弟の間を離反させ、関係を破壊するものだというのである。

道真が、本当にそうした陰謀に加担していたかどうかについては議論があるが、平安時代の私撰の歴史書「扶桑略記」に引用された「醍醐天皇御記《ぎょき》」によれば、大宰府まで赴いた藤原清貫《ふじわらのきよつら》が道真から、自分はそんな陰謀は働いていないが、源善《みなもとのよし》の誘いを受けたことはあったということを聞いたとされている。道真が、まったくの無実であったかどうかは判断が難しいところである。

道真の復権の願い

滝川幸司『菅原道真　学者政治家の栄光と没落』（中公新書）は、漢詩に示された道真の真情を分析しながら、その生涯を追ったものである。それを見ると、道真が望郷の思いにひたった時期がもう一度あったことがわかる。それが、讃岐守として赴任していた時期である。

讃岐守に任じられた時点で、道真は式部少輔《しょう》兼文章博士の地位にあった。本人は、讃岐守のような地方官として赴任することに必ずしも満足していなかった。周囲には、それを左遷としてとらえる人々もいた。讃岐にいた時期に詠まれた詩には、そうした道真の望郷の思いがつづられている。宮中で重要な行事がある日には、そのことを思い起こし、それを懐かしむ詩を詠んでいた。

歴史上の人物について、とくに時代を遡れば遡るほど、その人物がいったいどういう思いを抱きながら生きていたかを知ることは難しくなる。それを教えてくれる史料が乏しくなるからだ。日本中世史を専門とする伊藤正敏は、信長や秀吉以前の支配者だと、

「物語を排除した後にも人間性がある程度わかるのは、尊氏・直義兄弟の二人だけだ」と指摘している。支配者以外では、日蓮、「徒然草」の吉田兼好、「愚管抄」の慈円なら具体的に思想と人物像がわかるという（『寺社勢力の中世——無縁・有縁・移民』ちくま新書）。

伊藤は道真のことはあげていないが、滝川の著作を読んでみると、人生のそれぞれの時期において道真がどういった思いを抱いていたかがかなり分かってくる。重要なことは、大宰府へ左遷される前に、その予兆を道真自身が感じとっていたことである。

道真が、自身の最高位である右大臣に任じられたのは昌泰2年（899年）のことだが、その際に道真は辞表を提出している。任じられても、すぐにそれに応じず、辞表を出すことは、当時の慣行でもあったが、このとき、それは三度にも及んだ。

任じられたのは2月14日で、三度目の辞表は3月28日に提出されている。辞表のなかで道真は、その理由として、家柄の低さなどをあげているが、同時に、中傷を受けたこともあげられていた。道真が宇多上皇の抜擢によって栄達をとげると、道真の小さな過ちを見つけようとする動きが起こり、さらには、甚だしい非難が起こるようになったというのである。

翌年には、兼任していた右大将についても辞表を提出しているが、そこでも、「謗《そしり》の声」があったことを理由の一つにあげている。これは、右大臣についての辞表と同様に受け入れられなかったが、道真は、くり返しバッシングを受けていたのである。

その点では、大宰権帥として大宰府に左遷されることを、道真本人は覚悟していたのではないだろうか。半面では、その人事によってほっとしたこともあったかもしれない。もう謗の声を聞く必要がなくなったからである。

大宰府時代の道真は、自分が無実であることを訴え、都に戻ることを願う詩を詠んでいる。しかし、その願いはかなえられず、そのまま大宰府で亡くなってしまう。そして、死後、道真の復権の願いは、本人には予想外な形で実現されるのである。

死は怨霊の祟りによるものか

三大歌舞伎の一つ「菅原伝授手習鑑」は、道真をめぐる物語だが、そこでは、道真を陥れた張本人は藤原時平（実際には「ときひら」だが、歌舞伎では「しへい」）とされている。時平は、道真が右大臣になったときには、左大臣だった。歌舞伎では、時平は徹底して大悪人として描かれている。「菅原伝授手習鑑」のうち頻繁に上演される「車引」では、公家の悪役である「公家悪」として登場し、藍色の隈取りで、陰険で魁偉《かいい》な人物として描き出されている。しかも、時平は妖術を使い、彼に襲いかかる梅王丸と桜丸を退けるのだ。

「菅原伝授手習鑑」をもとにした歌舞伎の作品に「天満宮菜種御供」というものがあるが、その終幕で、悪人の本性をあらわした時平は7種類の笑い方をする。それも、時平が笑い上戸だったという伝承があるからである。この笑いの部分だけを取り出して「時平の七笑」として上演されることもあるが、「車引」でも、時平は不気味な笑い方をする。

こうした作品がくり返し上演されてきたために、大悪人としての時平のイメージが流布し、定着している。だが、現実の時平は、摂政関白をつとめた藤原基経の子で、藤原氏のなかでももっとも栄えた藤原北家に連なる歴《れっき》とした公家であり、公卿である。ただ、父が早く亡くなってしまったために、その間隙を突いて道真が台頭し、両者は対抗関係におかれるようになっていく。

道真が左遷された後、時平は権力を掌握し、荘園整理令をはじめて出すなど、政治の改革にも力を尽くした。しかし、延喜9年（909年）に39歳の若さで亡くなってしまう。道真の死から6年後のことであった。

その後、時平の死は、道真の怨霊の祟りによるものとされるようになるが、時平が亡くなった直後には、まだそうしたとらえ方はされていなかった。

では、時平はどうして亡くなったのだろうか。それを考察した論文がある。それが、川井銀之助による「藤原時平公の薨去の原因——附『御むすめの女御、御孫の東宮』の事に就て」である。これは古い論文で、『中外医事新報』の第1164号（1930年10月）に掲載されている。著者は京都府立医科大学の医学博士である。

川井は、時平が延喜9年3月上旬に感冒に襲われ、これが原因で高熱となり、譫妄《せんもう》状態に陥り、肋膜炎のようなものを併発し、全身の衰弱で亡くなったのではないかと推測している。川井は、感冒の原因が肺結核にあったのではないかとしている。細菌性急性伝染病ではなかったというのである。

史料が乏しいので、川井の推測が妥当かどうかを判断するのは難しい。ただ、疫病、伝染病によるものではないように見受けられる。時平の死が、道真の祟りとされなかったのも、そのことが関係するのではないだろうか。個人が亡くなったというだけでは、怨霊の祟りとは言われないのだ。

ところが、それから14年後、皇太子であった保明親王《やすあきら》が21歳の若さで亡くなる。保明親王は、時平の妹である穏子《おんし》と醍醐天皇のあいだに生まれた。平安時代後期に成立した『日本紀略』の延喜23年（923年）3月21日のくだりでは、保明親王の死について、「菅帥《かんそち》の霊魂宿忿《しゅくふん》」の仕業であるという噂が流れたとしている。道真の霊が祟ったというのである。

重要なのは、この年の1月から京の都では「咳病」が流行していたことである。『日本紀略』同年正月21日のくだりでは、醍醐天皇が大中臣安則《おおなかとみのやすのり》を召して、都に咳病が流行っていると聞くので、諸社に祈願するよう命じたと述べられている。また、同月27日のくだりでは、名僧10名を呼んで、咳病を食い止めるため紫宸殿《ししんでん》で三日間にわたって臨時の読経が行われたとされている。

問題は、ここで言われる咳病が何かである。それは咳を伴う病である。それだけでは病を特定することはできないが、それが京の都で流行していたことから考えると、インフルエンザの可能性が浮上する。この病は、それ以前にも流行していたものと考えられる。

「日本三代実録」は、時平と道真もその編纂にかかわった歴史書だが、貞観4年（862年）では、「二月自去冬末、京城及畿内外、多患、咳逆、死者甚衆」と記されている。翌貞観5年正月27日のくだりにも、「正月、自去年冬末、至于是月、京城及畿内畿外、多患咳逆、死者甚衆矣」とある。咳逆とは、咳の出る病気のことだが、冬に流行し、多くの死者を出したという点で、咳病と同じくインフルエンザを想定することができる。

さらに貞観6年にも、疫病が流行し、京だけではなく、各地に広がり、多くの死者が出ている。ただし、この疫病については、咳逆とは言われていない。こうした咳逆をはじめとする疫病の流行が、前の章で見た御霊会が開かれ、祇園祭が開始されることに結びついていったわけである。

保明親王が咳病で亡くなったとされていたわけではないものの、その死は、京の都で咳病が流行するなかで起こった。そこが時平の死とは異なる点である。個人の死も疫病とかかわることで、怨霊の祟りと言われるようになるのである。

祟りに結びつけられる災厄

醍醐天皇は、保明親王が亡くなった後、4月11日には延長と改元した。災異改元である。さらに同月20日には、道真を元の右大臣に戻し、正二位を追贈するという詔を出し、昌泰4年の左遷の詔を破棄している。

しかし、それでも事態はおさまらなかった。延長3年（925年）6月19日には、保明親王の第一子で、父親の死後皇太子に立てられた慶頼《よしより》王が亡くなる。わずか5歳だった。

さらに、延長8年（930年）6月26日には、政務がとりおこなわれていた宮中の清涼殿が落雷の被害を受ける。それまで旱天が続き、諸卿が集まって雨乞いの件について会議を開いていた。そのとき落雷があり、大納言の藤原清貫と右中弁内蔵頭の平希世が亡くなった。隣りの紫宸殿でも三人が亡くなっている。

醍醐天皇はこの出来事に衝撃を受け、咳病で3カ月後に亡くなる。46歳であった。亡くなった藤原清貫は、道真が大宰府に左遷された際、時平から道真を監視するよう命じられた人物だった。これによって、道真が雷神を操っていると噂され、道真の霊と雷神とが習合することになったとされるが、必ずしもそれを伝える同時代の資料があるわけではない。

その後、藤原純友や平将門が叛乱を起こし、承平・天慶の乱（939～941年）が起こり、それも道真の怨霊と結びつけられたとされるが、これも資料的にははっきりとは裏づけられない。

難しいのは、その時代に起こったことと、後世になって付け加えられたこととをいかに区別するかである。それができないことはいくらでもある。

疫病は頻繁に流行した。避雷針などない時代だから、落雷による事故も頻発したに違いない。権力をめぐる争いも、当時は日常の出来事だった。道真の祟りに結びつけられる事柄には事欠かないのである。

ここで注目される資料が、平安時代の歴史書である「扶桑略記」（寛治8年〈1094年〉以降に成立とされる）に引用された「道賢上人冥途記」である。道賢は日蔵とも言い、905年から985年の人物で、山岳修行者であった。

道賢は、天慶4年（941年）8月、修験道の聖地である金峰山《きんぷさん》で修行を行っていた。

ところが、その最中に倒れ、蔵王権現の導きによって太政威徳天と呼ばれる魔王のところへ赴く。威徳天は、自分は道真の霊であると言い、世の中で起こっている疫病や災厄は自分が引き起こしているものだと語った。道賢は、地獄にも案内され、道真を死に追いやった醍醐天皇や時平などの廷臣たちが地獄の業火に責め苛まれている光景を目撃する。

この「道賢上人冥途記」とは別に、内容に違いがあり、量が数倍になる「日蔵夢記」がある。こちらは、天台宗の僧侶であった宗淵が編纂した「北野文叢」に収められている。写本は嘉永4年（1851年）とかなり後のものだが、竹居明男は、「『道賢上人冥途記』・『日蔵夢記』備考——史実との関係、ならびに登場人物、全体構成、表現の相違等をめぐって」（『人文学』176号、2004年、同志社大学人文学会）という論文において、建保元年（1213年）まで遡れる可能性があるとしている。

もう一つこの時期のことについて述べた伝承がある。それは、北野天満宮の境内にあり、また、京都府京都市下京区にもある文子《あやこ》天満宮にまつわるものである。

鉄道技師だった菅原恒覧が編纂した『菅公御伝記』では、その伝承は次のように記されている。これは、1929年に刊行されたものである。恒覧は、実業家だった菅原通済の父である。通済は江ノ島電気鉄道などの社長をつとめ、政界のフィクサーとしても知られた。また、親交のあった小津安二郎監督の戦後の映画にも出演している。

『菅公御伝記』によれば、道賢が魔王となった道真に会った翌年の天慶5年7月12日、京の右京七条二坊に住む多治比文子が神憑りし、道真の霊は、自分が生きていた折にしばしば遊覧した北野の右近馬場に自分を祀れと命じた。ただし、文子は貧しく、それが叶わず、自分の家で祠を祀っていた。

それから5年後の天暦元年（947年）3月11日に、近江国比良宮の神官良種の子である7歳の太郎丸に、自分が祀られたいと思う場所に松を生じさせるという託宣が下る。すると、一夜にして千本の松が右近馬場に生えた。そこで良種は、北野の朝日寺の僧侶であった最珍とともに、その年の6月9日に北野に神殿を造立し、天満天神を祀ったというのである。

これが、北野天満宮の創建に結びつくわけだが、託宣によって創建された点については疑問がある。

というのも、北野には、道真が生まれる前から天神社が祀られていたからである。

「続日本後記」では、承和3年（836年）2月に遣唐使のために北野に天神地祇を祀ったと記されている。また、元慶年間（877〜885年）には、時平の父親である藤原基経が五穀豊穣を雷公に祈願したとされる。さらに、醍醐天皇の子であった源高明が、有職故実について記した「西宮記」の臨時十二仁王絵裏書には、延喜4年（904年）12月19日に、左衛門督であった藤原某に雷公を北野に祀らせたとある。これは豊作を祈願してのことであった。延喜4年の時点では、道真はすでに亡くなっているものの、祟りのことはまだ言われていなかった。

ここで言われる天神社とは、現在、北野天満宮の社殿のすぐ東北にある地主社のことと考えられる。これは、天満宮創建よりも前から北野に祀られていた土地の神である。となると、北野天満宮は、必ずしも道真の霊を祀るものとして創建されたわけではないのかもしれない。道真の怨霊のことが噂されるようになったとき、すでに北野には天神が祀られており、それは雷公、つまりは雷として信仰されていた。道真の霊が雷を操り、紫宸殿に落ちて、関係者を殺めたということで、この北野の天神、雷公と習合し、それで新たに道真の霊を祀るための社殿が建てられるようになった。そのように考えられるのである。

天徳3年（959年）には、右大臣だった藤原師輔《ふじわらのもろすけ》が社殿屋舎を造り増すとともに、神宝を献上し、北野天満宮の基礎が固まった。師輔の父親は、時平の兄弟であった忠平であった。この忠平につらなる流れは、時平の系統が途絶えることで、繁栄した。それが、時平の敵である道真を信仰することに結びついたものと考えられる。

永延元年（９８７年）には、はじめて北野天満宮で勅祭が営まれ、「北野天満宮天神」の勅号が贈られた。そして、正暦４年（９９３年）６月26日には、道真に対して正一位左大臣の位が追贈された。10月20日にはさらに太政大臣が追贈されている。これで、道真はその死後、官位の最高位にのぼりつめたことになる。名誉回復が、祟りを鎮めることに役立つと考えられていたのである。

道真が大宰府に左遷されたまま亡くなったとき、墓が築かれ、そこに埋葬しようとして車を牛に引かせた。すると、途中で牛は動かなくなった。どうしても動かなかったため、遺骸は近くの安楽寺に葬られた。この安楽寺が今日の大宰府天満宮である。

「学問の神」への変容

道真は、非業の死を遂げた後、数々の祟りを引き起こしたとして神として祀られた。

祀ったのは、その霊を鎮めるためである。当初は、そのように恐ろしいために祀られたのだが、時間が経過するとともに、今度は、利益を与えてくれるものと考えられるようになっていく。

平安時代後期の保元年間（1156〜1159年）に作られたと考えられる藤原清輔の歌論集である「袋草紙（子）」には、大治2年（1127年）に白河院の勘気を蒙った藤原顕輔が、自分の無実を訴える歌を唐鏡の裏に書いて北野に奉献したところ、罪を晴らすことができたという話が出てくる。清輔は、顕輔の子である。

また、西行に仮託して鎌倉時代後期に作られた説話集の「撰集抄」には、平安時代の漢詩人で、道真と同様に文章博士であった橘直幹が、無実の罪で流されようとしていたとき、北野に参籠して罪を免れたという話が出てくる。

どちらも真偽は不明だが、こうした話が作られたということは、道真の霊が、冤罪に陥った人間を救う「雪冤《せつえん》の神」として信仰されるようになったことを意味する。さらに天神は、至誠の神、正義の神、さらには国家鎮護の神として信仰されるようになる。また、鎌倉時代になると、念仏往生を守護する神としても信仰されるようになる。

生前の道真が学問の人であったことから、「学神」としての信仰も生まれる。こちらの方が正義の神としての信仰よりも早かった。

北野天満宮天神の勅号が贈られる前年の寛和2年（986年）には、文人で儒学者であり、仏教にも傾倒して「日本往生極楽記」を著した慶滋保胤《よししげのやすたね》が、「菅丞相廟に賽する願文」を書いている。そのなかで天神は「文道の祖・詩境の主」であるとされ、北野の社頭に文士が集まって詩篇を献じたと述べられている。

また、平安時代後期の儒学者で歌人である大江匡房《まさふさ》は、嘉承元年（1106年）に、道真が大宰府に左遷されたときと同じ大宰権帥として赴任した際に、道真を偲んで、今に伝わる神幸祭をはじめている。ただし、匡房は左遷されたわけではない。

その後、室町時代になると、天神は禅宗の僧侶のあいだで文学の神として信仰されるようになる。そして、「渡唐天神」の物語が生まれる。

これは、鎌倉時代の仁治2年（1241年）に、臨済宗の僧侶であった聖一国師が宋から帰国して博多の崇福寺に住していたとき、夜中に道真があらわれ、禅を学びたいと告げたという話である。聖一国師については、前の章でもふれた。そこで聖一国師は、自らの師である宋の無準師範のところで参禅するのがよいと答えた。すると、道真は神通力を使って宋に渡り、無準師範に参禅して、禅の奥義を授かり、一夜にして聖一国師のもとに戻り、無準師範から与えられた法衣を見せたというのである。

300年も前に亡くなっている道真が聖一国師のもとにあらわれるということはまったくあり得ない。この話が語られるようになったときにも、荒唐無稽だという批判があったようだが、この話をもとに「渡唐天神」の像が造られ、絵が描かれるようになっていく。その際に道真は、中国風の文人として描かれ、手にはそのシンボルとなった梅の小枝をもっている。

面白いのは、道真がさらに書道の神として信仰されるようになっていく点である。死後の道真に正一位左大臣が追贈された際、道真の曽孫である菅原幹正が勅使として大宰府に遣わされた。そのとき、その旨を伝える位記をおいた台のところに紙があるのを発見した。それを開いてみると、そこには七言絶句の詩が記されていた。これは、「神筆」と呼ばれ、大宰府から京に送られて外記局に収められた。

この神筆は現存しない。ほかに、道真の書いた書は、まったく残っていない。道真が書に優れていたという話も伝わっていない。ところが、天神が学問の神、詩文の神として祀られるようになるなかで、生前の道真は必ずや能書であっただろうと見なされ、そこから書道の神として信仰を集めるようになっていくのである。

とくにこのことは、江戸時代に寺子屋で道真が書道の神、手習いの神として祀られるようになったことで広がりを見せていく。寺子屋では、手習いに使う筆に感謝するとともに、その上達を願って、天満宮の境内に筆塚を建て、そこに使えなくなった筆を納めるようになる。そして、寺子屋では道真を描いた掛け軸が掲げられ、道真の命日を偲ぶ天神講が営まれるようになっていく。

近代に入ると、学校教育が広がり、寺子屋はその存在意義を失っていく。それは本来なら、天神信仰の衰退に結びつくものであるはずだが、学校の受験ということが重要な意味をもつようになったことで、天神は「受験の神」となり、今日に至っている。道真のシンボルが梅で、梅が受験の季節と重なったことも大きい。

疫病をもたらす祟る神は、その霊力の強さによって、やがては善神として、多くの人々の信仰を集めるようになっていったのである。

第7章 疫病がくり返される末法の世が鎌倉新仏教を生んだ

最澄と空海による密教伝来

第5章と第6章に述べたことから少し時代は遡る。平安時代がはじまったばかりの延暦23年（804年）、最澄と空海は、遣唐使船に乗って唐へむかう。最澄は短期留学の還学生《げんがくしょう》、空海は長期留学の留学生《るがくしょう》だった。

留学生である空海は、本来なら20年にわたって唐で仏法を学ぶはずだった。しかし、遣唐使とともに当時の都である長安にむかった空海は、密教の正統となる継承者、青龍寺の恵果から、密教の教えを学ぶことに成功する。また、予定されていなかった遣唐使船がやって来たため、大同元年（806年）には早々と帰国の途についている。もし、空海がそのときを逃していたとしたら、次の遣唐使船は承和6年（839年）に日本に戻るものだった。空海は承和2年に亡くなっており、唐で客死していたかもしれない。

空海に先立って日本に戻ってきたのが最澄だった。最澄は、延暦24年にはすでに帰国していた。最澄の留学目的は、天台智顗《ちぎ》が開いた天台宗の教えを学ぶことにあった。しかし、帰国する直前、唐において密教が流行していることを知り、それを急遽学んでいる。

このことは重要な意味をもつ。帰国した年の９月には、平安京を開いた桓武天皇の要請によって、最澄は高雄山神護寺において密教の儀式である灌頂《かんじょう》を最初に行っているからである。天皇が灌頂を求めたのも、密教に期待するところが大きかったからである。密教は、インド宗教の神秘主義の影響を受けて成立したもので、加地祈禱によって現世利益を与えてくれるものと考えられた。その利益のなかには、当然、疫病退散も含まれる。

最澄に続いて空海が日本に戻ってきた。留学期間を勝手に短縮したということで、空海は、なかなか上京しなかった。唐からどういった経典や仏画、密教法具をもたらしたかについて、空海は「請来目録」にしたため、それは朝廷に提出した。その後空海は、大宰府の観世音寺に大同２年（８０７年）まで滞在し、それから上京した。

空海の「請来目録」については、最澄が書写したものが残されている。最澄としては、空海がいったい何を日本にもたらしたかに絶大な興味を抱いたのだろう。それを見れば、最澄が日本にもたらした密教の教えや儀式の方法が、いかに不十分なものであるかが明らかになる。最澄は、上京した空海に教えを乞い、経典を借り出したりもした。

こうして、空海の手によって日本に密教が本格的に将来された。中国側の史料では、空海は天皇からの手紙を持参し、多額の金を所持していたとされる。唐に渡るまでの空海の生涯の歩みは、正確なところが分かっておらず、勝手に出家した「私度僧《しどそう》」ではなかったかとも言われるが、かなり高貴な生まれだったのではないかと考えられる（この点について詳しくは拙著『空海と最澄はどっちが偉いのか？　日本仏教史七つの謎を解く』光文社知恵の森文庫を参照）。

最澄の開いた天台宗では、その後、改めて密教の教えを取り入れるために、最澄の弟子であった円仁や円珍などが入唐し、空海の開いた真言宗に負けないだけの密教の教えを伝えることに成功する。

これによって、密教の教えと実践が本格的な形で日本に取り入れられ、結果として密教が仏教界を席捲することになる。南都六宗の各寺院は、すでに存在したわけだが、密教はそうした寺にも浸透していった。それだけ、密教に対する期待は大きかった。

「末法思想」の時代へ

奈良時代には、平城京において南都六宗が栄えた。ただ南都六宗は、今日考えられているような宗派とは異なる。むしろ学派としてとらえられるもので、それぞれが独立した教団を組織しているわけではなかった。したがって、すべての教えを学ぶ兼学が基本とされていた。「六宗兼学」である。平安時代に入ると、そこに天台宗と真言宗が加えられることとなり、「八宗兼学」となった。

密教に期待をかけ、それを取り入れたのは、社会の上層階級だけだった。つまり、朝廷や公家が密教を信奉したのであって、庶民には縁がなかった。平安時代には、後期にならないと武士も台頭しない。武士や庶民が仏教の教えにふれるようになるのは、鎌倉時代になってからのことである。

仏教の信仰を庶民層にまで広げる上で大きな役割を果たしたのが、鎌倉時代に生まれた「鎌倉新仏教」である。法然の浄土宗、親鸞の浄土真宗、栄西の臨済宗（厳密には臨済宗建仁寺派の派祖）、道元の曹洞宗、日蓮の日蓮宗（当初は法華宗）、一遍の時宗である。このうち、一遍を除く各宗祖は、最澄の開いた比叡山で学んでいる。最澄の死後、彼が強く望んでいた大乗戒壇が比叡山に設けられ、そこは、仏教について学ぶことのできる総合大学のような役割を果たすようになる。

鎌倉新仏教が生まれるにあたって、重要な意味をもったのが、「末法思想」の存在である。それぞれの宗教には、世の終わりを説く終末論が、なんらかの形で見られる。末法思想は、終末論の仏教版だった。

今から1000年近く前、平安時代の後期、永承7年（1052年）に日本は末法の時代に突入したとされた。末法の時代は1万年続くと予言されており、依然として私たちは末法の世に生きていることになる。

末法の時代の先にどういった時代が訪れるのか、それについては明らかにされていない。釈迦の入滅後、56億7000万年後に弥勒菩薩が地上に現れ、釈迦によって救われなかった衆生を救済するという弥勒信仰もあるが、それはあまりに遠い未来のことである。果たしてそれまで地球が存在するのか。それさえ怪しい。

正しい仏法がまったく実践されなくなる時代が1万年も続くと予言する末法の思想は、考えてみればかなり恐ろしいものである。

末法思想は最初、6世紀にインドで唱えられた。インドで作られた大乗仏典のなかには、「末の世」という表現が登場する。末法思想を明確に示した仏典としては、大乗仏教の基本的な考え方である空の思想を核として、そこに密教を取り入れた「大方等大集《だいほうどうだいじっ》経《きょう》（大集経）」がある。この仏典には、「我が滅後に於て五百年の中は解脱堅固、次の五百年は禅定堅固、次の五百年は読誦多聞堅固、次の五百年は多造塔寺堅固、次の五百年は我が法の中に於て闘諍言訟《とうじょうごんそう》して白法隠没《びゃくほうおんもつ》せん」とある。ここで言う「我」とは、釈迦のことである。

これは、釈迦が亡くなった後、５００年単位で時代がどのように推移していくのかを説明したものだが、問題は最後の５００年である。「闘諍言訟して白法隠没せん」とは、争い事が多発して、釈迦の説いた法による利益がまったく消えてしまうという意味である。

これこそが末法思想であるということになるが、「正法」、「像法」の後に「末法」の時代が来るという考え方は、「三時説」と呼ばれる。

ここで言う正法とは、仏の教えと修行と悟りがすべて備わっている時代のことである。仏法は完璧に伝えられているというわけだ。ところが像法になると、教えと修行はあるものの悟りはない時代とされる。像とはかたどったものの意味で、形ばかりだというわけである。そして、末法になると、教えはあるものの修行も悟りもどちらもないとされる。教えが絵に書いた餅のようになってしまう状況である。

インドでは正法と像法ということばは使われたが、末法ということばは使われなかった。インドでは、輪廻転生の考えが支配的で、人間という存在はさまざまな生物や物に次々と輪廻していくという循環の思想が説かれていたため、正法から像法、そして末法へという直線的な変化は想定されなかった。

末法思想が盛んになったのは、インドから仏法を取り入れた中国においてだった。中国六朝時代の僧で、天台智顗の師となった南岳慧思《なんがくえし》は、558年に「立誓願文」を書き、そこにはじめて末法ということばが登場する。なお日本では、聖徳太子の前世が南岳慧思であるとされるようになる。

インドの段階では、正法と像法は、正しい仏法とそれに似たものを意味し、時代ということとは結びつけられていなかった。南岳慧思はすでに末法の時代が訪れているとし、自分たちは末法の時代に生きているという認識を示した。

末法に入ったかどうかを判断する上で釈迦がいったいいつ入滅したかが重要だが、それについては、現在でも確定されてはいない。諸説あり、説によっては数百年の開きがある。それは、南岳慧思の時代でも同じで、釈迦入滅の年については、さまざまな説が唱えられていた。

「立誓願文」が執筆されてから16年後の５７４年には、北周の武帝による廃仏が行われる。中国でくり返された大規模な廃仏は「三武一宗の法難」と呼ばれるが、これはその２回目にあたった。この深刻な事態を経験した仏教徒たちは、それを通して末法の時代が到来したことを実感し、次の随の時代になると末法思想が流行する。

日本における思想の変遷

日本にも、中国で発展した末法思想が取り入れられる。奈良時代には、すでにこの思想が現れており、その際には、「立誓願文」にもとづいて、正法５００年、像法１０００年という説が唱えられた。

平安時代以降になると、中国の六朝時代末から唐初期にかけての僧侶、吉蔵が「法華玄論」で唱えた正法１０００年、像法１０００年説の方が有力になっていく。そして、唐の僧侶、法琳が「破邪論」のなかに引用した「周書異記」（現存しない）において、釈迦の入滅は「周の穆王《ぼくおう》の52年、壬申の歳」、つまりは紀元前９４９年とされた。これだと、末法に入るのは１０５１年になるが、日本では１年ずらされ、１０５２年に末法に入ったとされるようになる。それには理由があった。

当時は、公に日本に仏教が伝えられたのは、「日本書紀」にある通り、552年と考えられていた。そのため、それから500年が経った1052年が末法の世になった年として選ばれた。もし、正法500年説を採用するなら、日本は仏法が伝えられたその年に末法に入ったことになってしまう。それでは具合が悪い。それに、末法思想への関心が高まった平安時代後期に末法に突入したとするためには、やはり1052年でなければならなかった。それで正法500年説は破棄されたのである。

末法思想について見ていく上で、きわめて重要な書物が最澄作とされる「末法灯明記」である。執筆されたのは延暦20年（801年）とされている。そうであれば、最澄が唐にわたる前のことになる。

そのなかでもっともよく知られていることばが、「たとえ末法の中に、持戒の者あらんも、すでにこれ怪異なり。市に虎あるが如し」という部分である。末法の時代においては、戒律を正しく守っている僧侶がいること自体がふしぎで、街中に虎がいるほど稀なことだというのである。このことばは、末法の世においては戒などないわけだから、戒を保とうと、破戒しようと、どちらでもかまわない。戒など授かっていない名前だけの出家者こそが世の宝であり、尊重しなければならないという意味で受け取られた。最澄は、南都六宗における戒律である「四分律」を否定し、戒律としてはそれよりもはるかに緩い「十重四十八軽戒」で十分だという立場をとった。この十重四十八軽戒は、本来在家のための戒であった。最澄は、それを出家の戒に応用したのである。

最澄は、天台宗の立場から、「法華経」を重視した。「法華経」では、すべての衆生は仏になることができると説かれ、特別な修行などは不要であるとされた。だからこそ、最澄は、在家の戒でかまわないとしたのである。

ただ、そこには最澄の戦略もかかわっていた。当時、正式な僧侶になるためには、東大寺などの戒壇で受戒する必要があった。最澄は、比叡山に大乗戒壇を設けることによって、東大寺を含む南都六宗からの独立をはかった。比叡山で受戒できれば、南都六宗にすがる必要はなくなり、その影響から脱することができる。

そうした最澄の立場からすれば、「末法灯明記」にあるように、戒律をひたすらに遵守する持戒の僧侶など意味がないという主張が出てきて当然かもしれない。ただし、「末法灯明記」は最澄自筆のものは残っていない。はじめてそれが引用されるのは、臨済宗の栄西が建久９年（１１９８年）に成立させた「興禅護国論」においてである。「末法灯明記」が執筆されたとされる延暦20年とは400年近い開きがある。「末法灯明記」は建久9年をそれほど遡らない時代に、最澄に仮託して作られた偽書であろう。

栄西は、厳格な戒律にもとづく修行を重視し、持戒の重要性を強調した。それは、同じ禅宗の道元や、同時代に真言律宗を開く叡尊などとも共通している。栄西が、「末法灯明記」を引用しているのも、持戒の意義を強調するためだった。ただし、道元の場合には、「末法灯明記」にふれていない。それでも、道元の孫弟子である瑩山禅師の書いたもののなかには、「末法灯明記」をもとにした箇所がある。

一方、法然や親鸞、そして日蓮は、現在が末法の時代であることを強調するために、それぞれの著作のなかで、「末法灯明記」を引用している。とくに親鸞は、その主著である「教行信証」(正式には「顕浄土真実教行証文類」)において、「末法灯明記」をほぼ全文引用している。「教行信証」は、仏典や先師の著作からの引用が多くの部分を占めている。ただし親鸞は、「末法灯明記」を引用しているものの、それについて論評を加えてはいない。

なお、親鸞の師である法然は、「逆修説法」で、「末法灯明記」にふれている。日蓮もまた、名高い「立正安国論」の前に執筆した「守護国家論」のなかで、「末法灯明記」

にふれている。

浄土教信仰の登場

末法思想が広がりを見せていくなかで、浄土教信仰への関心が高まっていく。浄土教信仰は、念仏を唱えることによって、死後、極楽浄土への往生をめざすものである。

その先駆となったのが、平安時代中期の天台宗の僧侶、恵心僧都《そうず》源信であった。源信は、紫式部の「源氏物語」に登場する横川《よかわ》の僧都のモデルである。源信が書いた著作として重要なのは、「往生要集」である。

源信が巧みだったのは、「往生要集」において、まず最初に極楽浄土の姿を描くのではなく、現世において罪を犯した人間が落とされる地獄の様子を描いたことである。地獄の方が、極楽浄土よりリアルなものとして描くことができるのだ。

地獄には八つの種類があり、それは「八大地獄」と呼ばれる。等活《とうかつ》地獄からはじまって、黒縄《こくじょう》地獄、衆合《しゅごう》地獄、叫喚《きょうかん》地獄、大叫喚地獄、焦熱《しょうねつ》地獄、大焦熱地獄、阿鼻《あび》地獄へと続いていく。

どの地獄に落とされるかは、現世において犯した罪の種類によって変わっていくのだが、源信は八大地獄を徹底して陰惨で悲惨なものとして描き出していった。

そこには目的があった。恐ろしい地獄に落とされたくなければ、しっかりとした信仰を持ち、念仏をくり返し唱え、極楽浄土への往生をめざすことが欠かせない。そのことを強く印象づけるために、まずは地獄の恐ろしさを説いたのだ。

一方で源信は実践者でもあり、前の章でふれた慶滋保胤などとともに、「二十五三昧会」という宗教的な結社を作っている。

これは、毎月一五日に仲間が集まって念仏を唱えるものだった。しかも、仲間のうちの一人が重い病に陥ったときには、「往生院」という仮の建物を建て、そこに病人を移し、その周囲に仲間が集まって念仏を唱えた。これは病人を治すことを目的としたものではなく、死にゆく仲間が無事に極楽往生を果たすことを助けようとするものだった。

こうした浄土教信仰を受け継ぎ、念仏さえ唱えるならば、西方極楽浄土への往生がかなうことを強調したのが法然だった。法然が生きて活動したのは、平安時代の終わりから、鎌倉時代にかけてのことで、それは武士の台頭による時代の転換期にあたった。保元・平治の乱や、源氏と平氏との戦いが続き、地震や火事、飢饉、そして疫病の流行が頻発した。現世が、そのように苦に満ちた世界であったからこそ、人々は、極楽浄土への往生を強く願ったのである。

それは、法然の弟子と称した親鸞に受け継がれていくことになるが、親鸞の場合には、自ら疫病にかかった可能性がある。

そのことは、親鸞の妻となった恵信尼の書状に出てくる。その書状は、弘長3年（1263年）2月10日に記されたもので、そのなかで、寛喜3年（1231年）4月14日（なお、恵信尼は別の書状でそれが4月4日のことだったと訂正している）のことが語られている。

親鸞は、そのとき風邪を引き、臥せっていたのだが、かなり熱もあった。恵信尼は、親鸞のからだ「をさぐればあたたかなること火のごとし」だったと述べている。しかも、頭痛が激しかったというのだ。

前年の寛喜2年から気候不順、異常気象に見舞われ、飢饉が発生していた。それは、鎌倉時代最大の飢饉で、「寛喜の飢饉」と呼ばれる。

飢饉が起これば、疫病の流行が起こるのは必然的なことで、実際、「吾妻鏡」では、寛喜3年7月2日から「洛中洛外、疾疫流布、貴賤多以亡卒」となったと記されている。「武家年代記」でも、「夏、諸国疫癘流行、人餓死」とある（『日本疾病史』）。

親鸞が病に陥ったのは4月のことで、疫病が流行した夏にはまだ間があった。しかし、飢饉は前年の寛喜2年からはじまっており、親鸞が危うく疫病の犠牲になりそうになった可能性は十分に考えられる。

親鸞は晩年、京都で生活しているが、それ以前に活動していた東国の弟子に宛てた文応元年（1260年）11月13日の書状では、「なによりも、去年・今年、老少男女おほくのひとびとの、死にあひて候ふらんことこそ、あはれに候へ。ただし生死無常のことわり、くはしく如来の説きおかせおはしまして候ふうへは、おどろきおぼしめすべからず候ふ」と述べている。

『日本疾病史』を見ると、前年の正元元年から文応元年にかけて、各地で飢餓と疫病が頻発していた史料がいくつも引用されている。それだけ、このときの被害は甚大だったのだろう。親鸞は、疫病が大流行するなかで、人の世の無常を思い、思索を深めていった。現世が苦に満ちた世界であれば、念仏を唱えることで極楽往生を願うほかなかったのである。

日蓮の疫病への関心

日蓮は親鸞の存在を知らなかったが、法然については激しく批判した。日蓮が生を受けるのは、承久4年（1222年）のことで、その時点では末法に入ってからすでに170年が経過していた。末法の時代にあることはすでに前提とされ、日蓮は、その前提の上に活動を展開していく。日蓮が、法然の説く浄土教信仰を邪義、間違った教えとしてとらえ、それを厳しく批判したのも、末法の時代に入ったからこそ、そうした否定すべき教えが広まっていると考えたからである。

しかも、末法の時代であることを痛感させられるような出来事が実際に頻発した。日蓮が「守護国家論」を著す3年前の康元元年（1256年）8月6日には、鎌倉を台風が襲い、洪水が発生した。さらに、翌年の正嘉元年8月23日には、日蓮のいた鎌倉は大地震に見舞われる。「正嘉の大地震」である。

『理科年表』によれば、正嘉の大地震の震源は相模湾内部、江ノ島の南約10キロの沖合いで、マグニチュードは7・0から7・5と推測されている。阪神・淡路大震災がマグニチュード7・3だったから、それに匹敵する大地震だった可能性がある。実際、被害は甚大だった。

鎌倉幕府の歴史をつづった歴史書の「吾妻鏡」では、「戌の刻大地震。音有り。神社仏閣一宇として全きこと無し。山岳頽崩し、人屋顚倒す。築地皆悉く破損し、所々の地裂け水湧き出る。中下馬橋の辺地裂け破れ、その中より火炎燃え出る。色青しと」と記されている。鎌倉の街は壊滅的な被害を被り、建物はことごとく倒壊し、今日のことばで言えば、液状化現象が起こった上に、地中にあったメタンガスなどが燃えたらしい。

日蓮は、こうした光景を目の当たりにした。正元2年(1260年)年2月に記された「災難対治鈔」という文章では、「今此の国土に種種の災難起る。所謂建長8年8月より正元2年2月に至るまで、大地震・非時の大風・大飢饉・大疫病等、種種の災難連連として今に絶えず。大体国土の人数尽く可きに似たり」と記されている。非時の大風とは台風のことで、疫病も流行した。それで多くの人命が失われたというのである。

日蓮は、天変地異や、それと密接に関連する飢饉や疫病を、たんなる自然現象としてはとらえなかった。それは、日蓮が災害をなんらかの祟りによるものととらえる中世の時代には広く共有されていた呪術的な世界に囚われ、それに縛られていたと見ることもできる。

けれども、日蓮の主張が単純に祟りを恐れる心理から生み出されたものであるとは言い切れない。日蓮は、たんに直感にもとづいて天変地異と法然の間違った仏法が流行していることを関連づけたわけではない。日蓮は、あくまで経文に根拠を求めていたからである。

「立正安国論」の終わりに近い部分では、「薬師経の七難の内、五難忽ちに起り二難猶残せり。所以《いわゆる》他国侵逼《しんぴつ》の難、自界叛逆《ほんぎゃく》の難なり」と述べられている。日蓮は、「薬師経（正式には薬師瑠璃光如来本願功徳経）」にもとづいて警告を発しているわけだ。

ここで言われる七難のうちの五難は、伝染病が流行る「人衆疾疫《にんしゅうしつえき》難」、天体の運行に異変が起こる「星宿変怪《せいしゅくへんげ》難」、日蝕や月食が起こる「日月薄蝕《にちがつはくしょく》難」、季節外れの暴風や強風が起こる「非時風雨難」、雨期に雨が降らず天候不順になる「過時《かじ》不雨難」を意味し、日蓮はすでにこうした五つの難は実際に起こっているとする。

残るは、外の国が攻めてくる他国侵逼難と、国内で反乱が起こる自界叛逆難である。五つの難がすでに起こったのだから、残りの二つも必ず起こる。日蓮は、「薬師経」の経文にもとづいてそう予言しているわけである。

日蓮にとって、経文は釈迦が直接説いた教えにほかならない。それが前提である。そこから日蓮は、「薬師経」に指摘された七難が次々と的中しているのを知り、残りの二つの難が起こるのは必然だと受けとった。そのとき、日蓮の頭のなかに、蒙古のことがあったかどうかは分からない。しかし、やがて蒙古から国書が届き、その後には、蒙古襲来という出来事が起こる。「薬師経」に示されていたことがそのまま現実のものとなっていったのである。

日蓮は鎌倉幕府に対して提出した「立正安国論」の冒頭で、「旅客来たりて嘆きて曰く、近年より近日に至るまで、天変・地夭《じょう》・飢饉・疫癘、遍く天下に満ち広く地上に迸《はびこ》る。牛馬巷に斃れ骸骨路《みち》に充てり。死を招くの輩《ともがら》既に大半に超え、之を悲しまざるの族《やから》敢て一人も無し」と述べ、彼が危機感を抱く要因の一つとして疫癘をあげていた。

日蓮は、そうした惨事が起こる決定的な原因として、法然の浄土宗などの邪義が巷に跋扈《ばっこ》しているからだと指摘し、それを速やかに一掃することを為政者に求めた。日蓮は、天台智顗の説に従って、釈迦は、悟りを開いてから40年が経った段階で、はじめて真実の教えを説いたととらえ、それが「法華経」に示されていると考えた。それ以前に説かれた教えは、すべて、真実の教えに導くための方便にすぎないというのである。

これは、天台智顗の教えを受け継いだ最澄の立場に従うことだが、浄土宗を含め、ほかの宗派の教えをまっこうから否定することでもあった。日蓮の批判の矛先は、法然だけにとどまらず、禅宗や真言宗、律宗に及んだ。「念仏無間・禅天魔・真言亡国・律国賊」という「四箇格言《しかかくげん》」は、日蓮の主張を要約して示したものだが、日蓮は、密教を取り入れた天台宗も批判の対象とするようになる。日蓮が生涯にわたって批判しなかった宗祖は最澄だけである。

仏教の世界では、「法論」がくり返され、正しい教えと間違った教えを区別しようとする動きはいくらでも見られる。だが、日本仏教の歴史において、日蓮ほど徹底して他宗批判を行った宗教家はいない。そのため日蓮は、二度にわたって流罪になる。伊豆と佐渡に流されたのである。

とくに佐渡への流罪は、環境も厳しく、過酷な日々が続いた。しかし、日蓮はそれを生き抜き、帰還を果たす。佐渡に着いたのが文永8年（1271年）10月28日のことで、鎌倉に戻ったのが文永11年3月26日のことだった。流罪は2年半に及んだ。

佐渡から帰還した日蓮は、鎌倉幕府の執事をつとめていた平頼綱から、蒙古が襲来する時期を尋ねられ、年内の可能性を示唆した。これも的中し、その年の10月には、蒙古が襲来する「文永の役」が起こっている。

しかし日蓮はその年の5月には、甲斐国の身延に向かい、そこで隠棲の生活に入っていた。身延での隠棲は8年に及んだ。最後、病気療養のため、身延を出て、温泉で療養するため常陸国に向かう。しかし、途中で力が尽き、武蔵国荏原郡（現在の東京都大田区池上）で亡くなっている。なぜ身延に隠棲したかについては諸説あるが、実質的に幽閉されていた可能性が高い。

ただ、身延に籠もっていたときの日蓮は、旺盛な著述活動を行い、門弟や信徒と頻繁に手紙のやり取りをしていた。それを見てみると、日蓮が、疫病の流行に多大な関心を寄せていたことがわかる。

建治4年（1278年）2月13日の「松野殿御返事」では、「又去年の春より今年の2月中旬まで疫病国に充満す」とある。

弘安元年（同年）の「弘安改元事」では、弘安への改元が「疫病故歟《えきびょうのゆえか》」と述べられている。

同年6月26日の「中務佐衛門尉殿御返事」では、「今の日本国去・今年の疫病は、四百四病にあらざれば華佗《かだ》・扁鵲《へんじゃく》が治も及ばず」とある。四百四病とは、仏教で、あらゆる病のことを言い、華佗・扁鵲は中国の伝説上の名医のことである。

南北朝時代の公卿であった洞院公賢の日記「園太暦」によれば、建治3年から翌年にかけて疫病が流行したことがわかる。日蓮にとって、疫病が流行するということは、邪義が依然として巷にあふれていることを意味した。日蓮は、疫病の流行を通して、邪義が広まっていることを嘆き、自らの主張の正しさを改めて実感したはずである。

もし疫病が頻発しなかったとしたら、密教の流行もそうだが、鎌倉新仏教も生まれなかったかもしれない。疫病が頻発する状況のなかで、それを抑える新たな教えが求められたのである。

第8章

なぜキリスト教の宣教師は日本に疫病をもたらさなかったのか

梅毒の流行

日本は、古代から朝鮮半島、中国の影響を強く受けてきた。そこには、人的な交流ということがあり、日本から大陸にわたる人間もいれば、大陸から日本にやってくる人間もいた。したがって、疫病についても、大陸から伝えられた可能性が高いわけである。しかし、ヨーロッパとの交流ということになると、長い間それは実現されなかった。13世紀の終わりに口述されたマルコ・ポーロの「東方見聞録」には、「黄金の国ジパング」として日本のことが紹介されているものの、それは中国での伝聞にもとづくものであり、マルコ・ポーロは日本には来ていない。

人的な交流がないということは、ヨーロッパから疫病がもたらされることはなかったということである。ところが、16世紀には、日本にもヨーロッパの人間がやってくるようになる。また、天正遣欧少年使節のように、ヨーロッパに渡る日本人も現れた。

果たしてそれは、日本に新たな疫病をもたらすことになったのだろうか。とくに注目されるのは、14世紀においてヨーロッパは黒死病の大流行を経験していることである。

黒死病が日本にもたらされても不思議ではない状況が生まれたのである。

黒死病については第1章でふれた。この疫病は、ヨーロッパに甚大な被害をもたらした。それは、１３４７年にアジアからコンスタンチノポリス（現在のイスタンブール）に入ることで流行したとされる。

黒死病によって、世界中で1億人が亡くなったという推計もある。黒死病は腺ペストであり、それについては古代から記録がある。ただ、５世紀以降、ヨーロッパで流行することはなかった。それが、14世紀に入って大流行し、ヨーロッパの人々を恐怖に陥れたのだ。

シカゴ大学で長く教えていたウィリアム・ハーディー・マクニールは、『疫病と世界史』（中公文庫）のなかで、黒死病は、中国の雲南省に侵攻したモンゴル（蒙古）軍によってヨーロッパにもたらされたとしている。ペスト菌を媒介するノミから感染したネズミが、その運び手だった。ただ、黒死病については中東起源説もある。今回のコロナ・ウイルスもそうだが、感染症がどこから発しているかを見極めることは相当に難しい。

モンゴルは、広大なモンゴル帝国を作り上げ、その版図は東西に及んだ。それによって、広い範囲にわたる通商路が誕生した。それまで、東は東、西は西で、世界は分断されていた。モンゴル帝国が誕生したことで、はじめて世界史が生まれたとも言われている（岡田英弘『世界史の誕生――モンゴルの発展と伝統』ちくま文庫）。

モンゴルは日本にも押し寄せた。前の章で見たように、日蓮は、それを予言した形になった。蒙古来襲、元寇である。それが文永の役と弘安の役である。日蓮は、二度目の弘安の役のときには、すでに亡くなっていた。

モンゴルがヨーロッパに黒死病をもたらしたとするなら、蒙古来襲の際に、日本にも黒死病が伝えられてもおかしくはない。ところが、そうした事態は起こらなかった。弘安の役では、かえってモンゴル軍のなかで疫病が流行し、３０００人余りが亡くなったとされる。そのことは、「高麗史」巻１０４列伝17に、「軍中又大疫、死者三千餘」という形で出てくる。そこでは、迎え撃つ日本の軍勢にも被害が出たとはされていない。この際の疫病の正体はわからない。

日本でペストが流行するのは明治に入ってからのことである。それ以前には、流行しなかった。ヨーロッパでの流行が直接日本に及ばなかったということかもしれないが、モンゴル軍の疫病がペストであったとするなら、日本は、後一歩で、ペストの流行に曝されていたかもしれない。だが、そうした事態には至らなかった。

それは不思議なことである。というのも、その後、ヨーロッパで流行した疫病が、比較的短い間に日本に伝えられ、流行したことがあったからである。

その疫病とは梅毒である。

第1章でふれた川喜田愛郎先生は、『近代医学の史的基盤』上のなかで、梅毒の起源にかんして、次のように述べている。

古くからの通説によれば、それは1495年、シャルル8世のフランス軍がナポリを包囲した際、その傭兵が土地の女性を介して守備側のイスパニア人からその病気を貰ってフランスに戻り、全ヨーロッパから数年後には中東、インドにまでその病気は伝播したが、遡ってそのイスパニアにはハイチで感染したコロンブス隊の船員が持ち帰ったものであったと言われる。

梅毒のもとは新世界だったというのが、古くからの定説である。ただ、こうした新世界由来説に対して、梅毒が古くから旧世界にあったという説もある。梅毒についても、その起源は明確ではない。当時、梅毒はフランス病と呼ばれたが、フランス人はナポリ病と呼び、イスパニア（スペイン）人はポルトガル病と呼んだ。疫病は外からやってくるという認識が各国で広がっていたことになるが、それは、自国のせいにしたくないというそれぞれの国民の願望だったのかもしれない。

日本で梅毒が流行したのは、ヨーロッパで流行してからそれほど時間が経っていない時期においてだった。

それを記録しているのが、代々医師をつとめた堺の竹田家に生まれた竹田秀慶だった。その著作「月海録」では、「永正9年（1512年）、人民に多く瘡《そう》あり、浸淫瘡《しんいんそう》に似たり。（中略）之《これ》を唐瘡《とうがさ》、琉球瘡《りゅうきゅうがさ》と呼ぶ」とあった。浸淫瘡とは、じゅくじゅくする皮膚病のことである。

琉球瘡と呼ばれたのは、13世紀から16世紀にかけて中国や朝鮮半島を荒らし回った「倭寇」を介して琉球に入ったからである。畿内にはその後に広がった。「唐瘡この年多く出で、其形癩《そのかたちらい》に似る」とあった。癩はハンセン病のことである。

その翌年、永正10年に甲斐国の妙法寺の僧侶が書いた記録文書である「妙法寺記」には、「此年、天下に『たうも』と云、大成瘡出て平愈《へいゆ》（治る）する事良久《よく》。其形譬《そのけいけい》（形状）は癩人（ハンセン病者）のことし（如し）。食は達者なる人の様にすゝむ也」とあった。1年で近畿圏から甲斐国、山梨へと広がったのである。

ペストの場合には、最初の感染源がネズミで、その血を吸うノミを通して広がっていく。その後、ネズミを捕るネコなどの動物、あるいは、感染した患者の体液を通して感染が拡大していく。

梅毒の場合には、母子感染することもあるが、基本的には性行為を通して広がっていく。ペストと梅毒では、感染が広がる媒体が異なるわけだが、ノミなら、日本にも簡単に入ってくることができそうだ。なぜ近代以前の日本でペストが流行しなかったのかは依然として謎である。

ペストは中国が発生源とも言われる。マクニールは、ヨーロッパでペストが猛威をふるうようになる1348年前後の時期に、中国でペストが流行した可能性を示している。中国の記録によれば、1331年には、河北で疫病が流行し、人口の10分の9が亡くなったという。それ以降、中国は疫病の猛威にさらされるようになり、モンゴルを倒して明王朝が生まれるまで、人口は半減した。それは、モンゴル人によって虐殺が行われた結果ではなく、腺ペストこそがその原因だったというのだ。

ただし、飯島渉は、『感染症の中国史　公衆衛生と東アジア』（中公新書）のなかで、ペストには腺ペストと肺ペストがあり、黒死病は腺ペストだが、16世紀末から17世紀半ばまで中国の華北で流行したのは肺ペストの可能性が高いとしている。ならば、14世紀に流行した中国のペストも、肺ペストであり、黒死病と同じものではなかったのかもしれない。中国で腺ペストの流行がなかったからこそ、それは日本にも及ばなかった。そのようにも考えられる。

このことは、今回のコロナ・ウイルスの流行が、欧米で激しく、日本を含めた東アジアや東南アジアで感染者も死亡者も少ないことと重ねて考えてみると、興味深い。中国では、武漢では多くの感染者、犠牲者を出したものの、他の地域ではそれほど流行しなかった。ただし、ペストは、ペスト菌という細菌によるもので、ウイルスではない。

ザビエルによるキリスト教の布教

日本に梅毒がもたらされた16世紀のはじめは、すでに戦国時代の様相を呈していた。関白太政大臣となった近衛尚通の日記「後法成寺尚通公記（近衛尚通公記）」の永正5年（1508年）4月16日のくだりには、「戦国の世の時の如し」という表現が出てくる。

ここで言われる戦国の世とは、古代中国の戦国時代を指していた。それと同じように国と国とが争うような状況が生まれていたというわけだ。

梅毒の日本への流入は、日本が国際化していく予兆だったのかもしれない。その流行から30年ほどが経った天文12年（１５４３年）には鉄砲が伝来した。その年の８月25日、大隅国の種子島西之浦湾に一艘の中国船が漂着する。その船には、二人のポルトガル人が同乗しており、彼らは鉄砲を所持していた。

この二人は、「牟良叔舎《フランシスコ》」と「喜利志多佗孟太《キリシタダモッタ》」という名前だったとされる。彼らが鉄砲の実演を行ったところ、種子島の島主であった種子島恵時《しげとき》と時堯《ときたか》の親子が、そのうちの２挺を購入し、刀鍛冶に複製を命じた。

これをきっかけとして、鉄砲は瞬く間に日本の社会に普及し、戦のあり方を大きく変えていく。当時の鉄砲は火縄銃で、武器としては単純なものだったが、破壊力は抜群で、具足に使われる厚い鋼板を撃ち抜くことができた。全国の刀鍛冶が鉄砲の製造にあたり、数多くの火縄銃が生産されるようになる。戦国時代末期には、50万挺もの銃が日本に存在したとされる。

ただし最近では、種子島に伝来する以前に、倭寇などの密貿易で、すでに東南アジアから鉄砲が日本にもたらされていたという説も提出されている。梅毒と同様に、倭寇がかかわっていたというのだ。

鉄砲伝来から6年が経った天文18年8月15日、スペインのナバーラ生まれのイエズス会士、フランシスコ・ザビエルの一行が日本にたどり着き、鹿児島に上陸した。ザビエルのほかは、司祭のコスメ・デ・トルレス、修道士のファン・フェルナンデス、南インドのマラバル人と中国人の従僕、それにマレーシアのマラッカでザビエルと出会い、彼らを日本に導くことになった日本人のアンジロウ（あるいはヤジロウ）と彼が連れてきた二人の薩摩の人間であった。

上陸後のザビエルは、日本でキリスト教を布教する。それは、日本の宗教の歴史においては、飛鳥時代における仏教（儒教・道教も含め）の伝来に次ぐ外来の宗教の到来であった。しかも、ザビエルらの努力の結果、当時の日本社会には数多くのキリスト教信者が生まれた。彼らは「キリシタン」と呼ばれた。

鉄砲伝来については、そのおよそ60年後の慶長11年（１６０６年）に、経緯を詳しく記した「鉄炮記」という歴史書が編纂されている。これは、種子島氏の功績を讃えるために、当時の当主久時の依頼で、臨済宗の僧侶で種子島氏の顧問の役割を果たしていた南浦文之が書き記したものであった。

　これに対して、ザビエルの来日については、日本側の資料はまったく残されていない。ザビエルの側は、書翰や書籍を通して詳細な記録を残している。ところが、日本側には、それを記録しようとする人間がいなかった。ザビエル来日の影響の大きさからすると、これはいささか奇妙な事態である。

　ザビエルが所属していたイエズス会という修道会が誕生したのは、彼が日本にやってくる15年前の１５３４年のことだった。ザビエルは、７人いたイエズス会の創立メンバーの一人だった。イエズス会は、積極的な宣教を活動の中心においており、中世に誕生した観想修道会や托鉢修道会とは性格を異にしていた。そこには、キリスト教の世界における大規模な変化が関係していた。

　何よりも重要な出来事となったのが、ドイツの修道士、マルティン・ルターが開始した「宗教改革」であった。ルターは、当時のキリスト教会が腐敗堕落しているとして強くそれを批判した。とくに教会が大量に販売した「贖宥状《しょくゆうじょう》」をやり玉にあげ、１５１７年10月31日、ヴィッテンベルク城教会の扉に「95ヶ条の論題」を張り出した（ただ、このことについては、今日事実であったかどうかに疑問が寄せられている）。

これがきっかけになって、宗教改革の波は、ドイツとスイスを中心に広がっていく。それによって、カトリック教会からプロテスタントの各宗派が独立し、さらにイギリスでは国教会が生み出されていく。中世のヨーロッパでは、ローマ教皇を中心としたカトリック教会が君臨し、世俗の権力にも大きな影響を与えていたが、その体制が次第に崩されていくこととなったのである。

カトリック教会のなかにも、宗教改革に対抗し、教会のあり方を刷新しようとする動きが生まれる。それが、「対抗宗教改革」の運動で、ルターらの批判に耐え得るような改革を進めていくことが模索された。イエズス会が誕生するのも、こうした対抗宗教改革の流れのなかでのことである。1534年8月15日、イグナチウス・デ・ロヨラを中心に、ザビエルなどパリ大学の学友たちが、モンマルトルの丘にあるサン・ドニ聖堂で清貧、貞潔、そしてエルサレムへの巡礼の誓いを立てた。

これが、イエズス会という新たな修道会に発展していくわけだが、この修道会の特徴としては、戦闘的な集団を作り上げたこと、海外への宣教を目的としたこと、貿易を中心とした経済活動に従事したこと、そして教育を重視したことがあげられる。

経済という側面

海外への宣教において重要なことは、いかにその資金を稼ぎ出すかにある。海外への宣教という大規模なプロジェクトを展開するイエズス会としては、それを支えるだけの経済活動を展開する必要があった。

ザビエルが来日してから30年後の天正7年（1579年）に日本に上陸し、天正10年まで滞在したイエズス会士のアレッサンドロ・ヴァリニャーノは、マカオと日本とのあいだの貿易活動にも従事していた。この活動に対しては内外から批判はあった。だが、ヴァリニャーノは、日本でキリスト教徒を生み出す上で貿易こそが神の恩寵と援助に継ぐ価値をもつものであると考え、イエズス会の宣教師が生糸貿易によって生計を立てていることを認めていた。当時の年間の稼ぎは6000クルザドに登っていて、それは金に換算するとほぼ1000両に相当した。

たしかに、多くの資金が得られなければ、海外で宣教活動を行うことは不可能である。とくに、イエズス会の戦略としては、国王などの為政者をキリスト教徒に改宗させ、その上で宣教の許可を得ようとしたので、国王に高価な進物を献上する必要もあった。実際、ザビエルは、それをマラッカで調達し、山口での布教に活用した。

ザビエルは商才にたけていた。彼は、鹿児島からマラッカの長官などに宛てた書翰のなかで、当時の日本では第一の港で、金や銀が集まってくる堺にポルトガルの商館を設けるならば、多大な利益を上げることができると提言していた。この提言は、ザビエル自身の利益にも結びつくもので、商館を設置した際には、自分を日本へ送る商品を扱う代理に任命してくれるならば、確実に利益を上げることができると断言していた。

ザビエルは、日本を訪れる際に、マラッカの長官から30バレルの胡椒を渡されており、それが2年3カ月に及ぶ日本滞在の資金になった。ただし、日本では、中国ほど胡椒に対する需要がなかったため、長官に対しては、日本への貿易船にはそれほど多くの胡椒を積み込まないよう提言を行っている。ここにもザビエルの商才が示されている。

織田信長や豊臣秀吉といった為政者や、各地の大名たちが、当初、キリスト教の宣教師の布教活動に寛容な姿勢を示したのも、ポルトガルやスペインとの交易という実利への期待があったからである。その点では、イエズス会の方針は、日本側の求めるところとも合致していた。

遠藤周作の小説『沈黙』や、それを映画化した作品を見てみると、日本にやってきた宣教師たちは純粋な信仰を持ち、信仰に命を捧げる覚悟を持っていたように描かれる。殉教は、イエス・キリスト以来のキリスト教の伝統でもあるが、経済という側面は極めて重要だった。

そこには、15世紀半ばからはじまった「大航海時代」の強い影響があった。

チンギス・カンがモンゴル帝国を創設したのは１２０６年のことで、13世紀のあいだに、モンゴル帝国は大きく拡大し、東西交流を促進した。

しかし、14世紀に入ると、モンゴル帝国はしだいに衰退に向かっていった。それに代わってオスマン帝国が台頭し、地中海貿易を支配するようになる。その14世紀は、ヨーロッパで黒死病が流行した時代でもあった。

15世紀に入ると、ポルトガルやスペインが、イスラム教徒を駆逐するとともに、世界に向かって交易ルートを拡大しようとして海外進出を企てるようになる。そのなかで、クリストファー・コロンブスやヴァスコ・ダ・ガマ、マゼランが登場する。

なかでもコロンブスは、信仰と疫病との関係において重要な役割を果たすことになる。

コロンブスは、１４９２年8月3日、スペインのアンダルシア地方にあるパロス港を出航した。船は３隻で、乗員は１００人前後だった。この航海がアメリカ大陸のヨーロッパ人による発見に結びつくのだが、コロンブスが出港したのはインドをめざすためだった。

ところが、コロンブスが最初にたどり着いたのは、現在の西インド諸島のグァナハニ島で、コロンブスはそれをサン＝サルバドル島と名付けた。コロンブスは、全部で4回航海を行っているが、彼が発見したのは西インド諸島に限られていた。

コロンブスが、インドをめざして出航したのは、マルコ・ポーロの「東方見聞録」で描かれた黄金の島、ジパングに憧れたからだとされる。コロンブスは、ジェノバに生まれたイタリア人だったが、自らの計画をポルトガルやスペインの王室に売り込み、スペイン王室の援助で航海が実現した。その際に、コロンブスは王室と契約を交わしており、目的はあくまで経済的な事柄にあったように見える。

しかし、コロンブスは終末論の信奉者でもあった。晩年のコロンブスは、「予言の書」という書物を執筆していた。それは未完に終わるが、その序文にあたる書簡（1501年から02年）で、コロンブスは、「世界が終わる7000年に達するまでおよそ155年しか残されていない」と述べ、それまでの間にこの世に福音を伝えなければならないとしていた。７０００年とは、世界のはじまりからの年月をさす。

そして、１４９２年12月26日付の「航海日誌」では、彼がインドと考えた土地から得られるすべての収穫を、エルサレムにイエス・キリストの墓を回復するために使うことを建言していた。コロンブスの航海の背後には、宗教的な情熱が存在したのである（立石博高「大航海時代のスペイン――コロンブスの思想と行動を中心に」同志社大学人文科学研究所第９研究会公開講演会）。

航海によって海外に進出したことで得られる利益を宗教的な目的のために使う。これは、フランシスコ・ザビエルなどのイエズス会の修道士たちの考え方と重なる。航海には危険が伴うわけで、金銭的な利益を目的とするだけでは動機として弱い。それに、国王などのスポンサーに資金援助を求めることもできなかった。信仰とかかわる大義名分が是非とも必要だったのである。

旧世界からもたらされたもの

コロンブスに関連して、アメリカの歴史学者、アルフレッド・クロスビーが１９７２

年に、"The Columbian Exchange: Biological and Cultural Consequences of 1492" という著作において提唱したのが「コロンブス交換」という考え方である。

コロンブスは、旧世界であるヨーロッパからすれば新世界を発見した。その新世界と旧世界が混じり合うことで、それぞれの世界にそれまでなかったものがもたらされた。そのなかには、家畜、植物、感染症が含まれるというのである。

旧世界から新世界にもたらされた感染症としては、腺ペスト、水疱瘡、コレラ、ジフテリア、淋病、インフルエンザ、ハンセン病、マラリア、麻疹、おたふく風邪、百日咳、風疹、猩紅熱《しょうこう》、天然痘、結核、腸チフス、チフス、フランベジア（イチゴ腫。梅毒と同様、細菌のスピロヘータにより感染）、黄熱病があげられる。一方、新世界から旧世界にもたらされたのが、梅毒、シャーガス病（寄生性の原虫クルーズトリパノゾーマにより感染）、ピンタ（梅毒やフランベジアと同様、細菌のスピロヘータにより感染）である。

果たして梅毒がもともと旧世界にあったのかどうかについては、すでに見たように議論があるわけだが、一見して分かるのは、新世界にとっては「輸入超過」だったことである。実際、南北アメリカ大陸には、ヨーロッパ人が入ってくることで疫病が流行し、多くの人命が損なわれた。スペインの探検家、コルテスによるメキシコ征服がその典型である。アステカ帝国が崩壊したのは、コルテスのもたらした疫病による。

梅毒については、川喜田先生も言及していたように、もともとハイチの風土病だったという説がある。コロンブスはハイチにも進出した。その際、一行の一人が現地の女性と関係を結び、それで梅毒がヨーロッパにもたらされたというのである。これは、梅毒の起源についての説の一つであり、立証されているわけではない。

もし、梅毒が入ってくるのが、ザビエル来日の後だったら、どうなっていただろうか。梅毒をもたらしたのは、「南蛮人」だという認識が生まれていたかもしれない。

ザビエル来日以前に梅毒がもたらされていたという情報が、日本全体で共有されていたとは考えられない。ただ、ザビエルや宣教師たちは、修道会に属する修道士であり、独身を守り続けようとしたはずである。もしも彼らが梅毒を広めることになっていたとしたら、評判は下がり、布教活動にも支障を来したことだろう。彼らが破戒したという話は伝わっていない。

また、当時の日本における疫病の流行状況というものも、キリスト教の宣教師には幸いした。

富士川游の『日本疾病史』によれば、ザビエルが来日した天文18年（１５４９年）の翌年、疫病は流行しているものの、それはお馴染みの疱瘡（天然痘）だった。弘治2年（1556年）もインフルエンザと思われる咳逆だった。

ザビエル来日以降、宣教師が次々とやってくるなかで、新たな疫病が流行していたとしたら、たとえそれが梅毒ではなかったとしても、それを持ちこんだのは彼らだとされ、キリスト教を布教することに差し障りが生まれていたことだろう。しかし、そうした事態は起こらなかった。

ペストは、15世紀から16世紀にかけて、ロンドン、パリ、ヴェネチア、そして、スペイン・カスティリア地方で流行している。スペインは、ザビエルの生まれた場所でもあった。しかし、ペストは南蛮人によってはもたらされなかった。そうした噂も立たなかったように見受けられる。

なぜ、ペストは日本に入らなかったのか。それが、東アジアや東南アジアに共通した現象であるとすれば、コロナ・ウイルスにまつわる謎とも重なる。少なくとも、「ザビエル交換」という事態は起こらなかったのである。

第9章　虎狼狸という妖怪の正体はコレラ

鎖国時代の疫病の流行

江戸時代、日本は「鎖国」していた。今風に言えば、国中が「ロックダウン」されていたことになる。

ただし、鎖国ということばが使われるようになるのは19世紀はじめからで、江戸幕府が鎖国という政策を打ち出したわけではない。幕府が開かれてから間もない1616年に、中国の明から来る船以外の入港が長崎と平戸に制限されたときから鎖国がはじまったとされる。その背景には、キリシタンの問題があった。事実上は、キリシタンが禁教とされたところから鎖国がはじまったとも言える。最初、キリシタン禁教令は、1612年に発せられている。それはまず幕府の直轄地を対象としたものだったが、2年後には全国に広げられている。

しかも江戸時代には、全国各所に関所が設けられ、国内についても移動が制限された。関所は、江戸から発する街道に設けられた。もっとも有名なのは東海道の箱根関である。関所を通るには通行手形が必要だった。ただし、伊勢神宮に参拝する伊勢参りをはじめ、神社仏閣への参詣については許可が下りやすかった。ほぼ60年に一度流行した「お蔭参り」の際には、参詣者は突発的に伊勢神宮へむかっており、通行手形は必要とされなかった。

鎖国の時代、海外との接触は最低限に抑えられ、通商関係は、中国や朝鮮、オランダに限定された。しかも、国内の移動さえ自由ではなかったわけだから、感染症が海外からもたらされ、国内で流行する可能性は低かったはずだ。

ところが、江戸時代を通して疫病の流行はくり返された。飢饉が頻発したことなどがその理由として考えられるが、流行したのは、疱瘡（天然痘）、麻疹（はしか）、水痘（水疱瘡）などである。この三つの疫病は、人が生涯のうちに一度は経験しなければならないということで、「お役三病」と呼ばれた。感染は通過儀礼の一種としてとらえられ、江戸時代の人々は、細菌やウイルスと共存せざるを得なかったのである。

19世紀に入り、江戸幕府による支配体制にほころびが生まれ、幕末の様相を呈するようになると、新たな疫病が流行した。それがコレラである。富士川游の『日本疾病史』では、文政5年（1822年）にコレラがはじめて流行したことを、各種の史料を用いて紹介している。九州からはじまった流行は中国地方に及び、大坂や京都にまで及んだ。

コレラは朝鮮からもたらされたとする文献もあった。

その後、安政5年（1858年）と文久2年（1862年）にもコレラが流行した。文政5年のときには、流行は江戸には及ばなかったようだが、安政5年には江戸でもかなり流行した。

ペリーが率いるアメリカの艦隊、いわゆる黒船がはじめて来航し、開国を要求したのが、その5年前の嘉永6年（1853年）のことだった。そのため、コレラの流行は異国の船が来航したことと結びつけられ、恐れられた。

ただし、ペリーがコレラ菌を日本にもたらしたわけではない。当時はコレラが世界的に流行していた。流行は、1817年にインドのカルカッタ（現在のコルカタ）からはじまり、それがアジア全域に及んだ。コレラは、古くからある病だが、世界的に流行したのはこのときが最初である。病原菌の存在がそのまま流行に結びつくわけではないのだ。

富士川は、日本におけるコレラの流行を1822年からとしているわけだが、『日本疾病史』の最初に取り上げられている「疫病」の項目では、元禄12年（1699年）に、「江戸にて古呂利と云ふ病はやり今月流行す」とあることが紹介されている。これは

「元正間記」という史料にもとづくものである。

幕末に、コレラは、コロリと死んでしまうことから、「コロリ」と呼ばれ、「虎狼痢」や「虎狼狸」といった漢字があてられた。ただこれは、コレラの世界的な流行のはるか前のことなので、古呂利はコレラではないだろう。

斎藤月岑による江戸の地誌『武江年表』の文政2年（1819年）の記事のなかでは、その年の夏から「痢病行る、死亡するもの多し」とされ、その病が俗にコロリと呼ばれたとしている。これも、コレラではなく、赤痢ではないかと考えられるが、その年に肥前国（現在の長崎県）平戸に「姫魚」なるものが出現した。そのことを伝える絵が残されている。その絵には顔は人間の女性で、胴体は魚である不気味な姫魚の姿が描かれ、次のように記されていた。

此度肥前国平戸におゐて沖にうきあかる
姫魚龍宮より御使なり
此魚ものを云
七ケ年の間豊年なり

其印ニハ北斗星の片傍に箒星出る
しかしころりと云病はやり人多く死す
我姿を絵に書一たひ見ハ此病をのかるへし
と云て直に海中へしつミにけり
文政二年卯之月十五日出ル

平戸の沖に浮き上がった姫魚は竜宮からのお使いで、姫魚が言うには、これから7年のあいだ豊作が続くが、「ころり」という病が流行り、多くの人が死ぬ。ただし、自分の姿を絵に描いて、それを見れば、病を逃れることができるというのだ。

姫魚には角が二本はえていて、口には小枝をくわえている。姫魚の姿形について説明したところもあり、そこには、次のように記されている。

魚金色也
長一丈三尺
髪長一丈斗

背ニ宝珠ノ
玉三ツ有リ

絵を見ると、たしかに胴体は金色に輝いている。一丈は約３メートルだから、かなり大きい。

この絵に出てくる卯月とは、旧暦の４月のことである。たしかに、その年の夏には、江戸でコロリが流行している。姫魚の予言は見事的中したことになる。

本当に的中したのかどうか、それはわからない。そもそも姫魚があらわれたのは肥前国で、コロリが流行したのは江戸である。距離は相当に離れている。姫魚は、自らの姿を絵に書き、それを見れば、これらを逃れることができるとしており、コロリ除けとして用いられたものと考えられるが、どこで配られたかもわからない。所蔵しているのは国立歴史民俗博物館である。

「アマビエ」の起源

現在、姫魚のように、豊作とともに疫病の流行を予言する動物は「予言獣」と呼ばれている。コロナ・ウイルス除けとして俄然注目を集めた「アマビエ」も、予言獣の一種である。

アマビエの絵を載せているのは瓦版で、弘化3年4月中旬（グレゴリオ暦では1846年5月上旬）の日付が入っている。京都大学附属図書館が所蔵している。

その瓦版には、「肥後国海中え毎夜光物出る。所の役人行見るに、づの如く者現す。私は海中に住、アマビヱと申す者也。当年より六ヶ年の間諸国豊作也。併し、病流行、早々私写し人々に見せくれと申て、海中へ入けり」と記されている。

肥後国、今の熊本県の海に毎夜、光る物が現れた。そこで役人が赴いたところ、絵のような者が現れ、「自分は海のなかに住むアマビエというもので、今年から6年の間は豊作が続くが、病も流行する。そこで、自分の姿を写して、人々にすぐに見せてくれ」と言って、また海中に消えたというのである。

姫魚の出現した肥前国と肥後国とは隣同士であり、海にあらわれたところでも共通している。予言の内容も同じで、豊作が約束される代わりに、疫病の流行も予言されている。ただし、アマビエの場合には、どういう病なのか具体的には示されていない。対処の仕方もまったく同じである。アマビエは、姫魚をもとにしている可能性が考えられる。

アマビエのバリエーションとしては、「尼彦」があり、出現の仕方や予言の内容はやはり共通している。出現した場所も、肥後国と日向国で九州に集中しているが、越後国に出現したとするものもある。

アマビエが出現したとされるのは１８４６年で、コレラが最初に流行した１８２２年からは25年近く経っていた。コレラの二度目の流行は、１８６２年のことである。１８４６年に、コレラを含め疫病が流行した記録はない。アマビエの絵が一枚しか残されていないのも、その予言が的中したような事態が起こらなかったからではないだろうか。

コレラの流行を予言したということなら、姫魚に軍配があがる。コロリと名指ししているからである。しかも、その絵に示された１８１９年は、コロリが流行するわずか３年前である。豊作は7年続き、その間にコロリが流行るとしているわけだから、姫魚の予言は見事に的中したことになる。もっとも、コレラの流行が起こった後に、この絵が描かれた可能性は排除できない。

もう一つ、この時代にあらわれた予言獣が、「件《くだん》」である。件の姿形は、姫魚やアマビエとはまったく違う。字が示すように顔は人で、からだは牛だ。要は、一時流行した人面魚ならぬ人面牛なのである。

件について、その姿を描き、説明を加えているものに、天保7年（1836年）の、やはり瓦版がある。これには「大豊作を志らす件と云獣なり」という大見出しがつけられている。その内容は、次の通りである。

丹波国与謝郡何某板
天保七申十二月丹波の国倉橋山の山中に、図の如くからだハ牛、面は人に似たる件という獣出たり。昔宝永二年酉の十二月ニも此件出たり、翌年より豊作打ちつづきしこと古き書ニ見えたり。尤件という文字ハ人偏ニ牛と書いて件と読す也。然る心正直なる獣の故に都《すべ》て証文の終にも如件《くだんのごとし》と書も此由縁也。此絵図を張置バ、家内はんしやうして厄病をうけず、一切の禍をまぬがれ大豊年となり誠にめで度獣なり件は、天保7年12月に、丹波国（現在の京都府）の倉橋山に出現したものだが、宝永2年（1705年）12月にも出現したことがあるとされている。出現した場所が山ということで、姫魚やアマビエの海とは異なる。場所も、九州でもなければ、越後でもない丹波国（現在の京都府、兵庫県など）である。しかも、豊作のことはふれられているが、疫病の流行は予言されていない。ただ、この絵が厄病よけになるとされている点では、予言獣一般と共通する。

興味深いのは、件が正直な獣であるがゆえに、証文の終わりに、「件の如し」と書くとされている点である。

たしかに、証文や手紙では、それまで書いてきたことに間違いがないと念を押す意味で、文末は「件の如し」で結ばれる。しかし、なぜ人面牛なのかについてはまったく説明されていない。こちらの瓦版の日付はアマビエの10年前である。

件が注目されるのは、第二次世界大戦中にも出現したとされている点である。戦争の終わりを予言したり、空襲をいかに逃れればいいかを示唆したという。最近では、阪神・淡路大震災や東日本大震災の際にも、目撃されている。

明治時代のコレラ流行

明治に時代が代わっても、日本国内でコレラは流行した。「日本の細菌学の父」と呼ばれる北里柴三郎は、ペスト菌を発見し、破傷風の治療法を開発するなど多くの業績をあげたが、1887年には、“Die Cholera in Japan”というドイツ語の論文を執筆している。「日本におけるコレラ」という意味である。その訳文は、林志津江「翻訳 北里柴三郎『日本におけるコレラ』（1887年）」『北里大学一般教育紀要』20（2015年）に掲載されている。

そのなかで北里は、1877年のコレラの流行について述べている。それは、清国の廈門《アモイ》から長崎へやってきたイギリス船からはじまる。航海の途中、一人の船員がコレラにかかり亡くなった。その死体は長崎の外国人墓地に葬られたが、外国人の往来を世話していた日本人の水夫が、病に陥ったかと思うと、すぐに亡くなってしまった。

それから、病は長崎を越えて九州全土に広がった。九州には西南戦争の影響もあった。参戦した兵隊や警官がコレラにかかり、彼らを通して流行は神戸、大阪、京都などへ広がった。それと時を同じくして、横浜でも流行がはじまり、それは、東京とその近隣に及んだ。これによって、1万3710人が感染し、7967人が亡くなっている。

その後コレラは流行をくり返す。1878年と79年に流行し、79年には死者は10万人を超えた。82年と85年にも流行した。77年から、日本は計5回、コレラの流行に見舞われ、39万6416人の人々が感染し、25万6361人が死亡した。

北里は、コレラが海外から持ちこまれた病であり、検疫の重要性を指摘し、「私は日本政府と同様、あらゆる諸外国政府がひとしく熱意と良心を持って、コレラの他国への持ち込みを防ぐ方向に向かうであろうという望みを抱きつつ、ここに筆を置きたいと思う」と述べていた。

コレラは、人と人とが接触するだけでは感染しない。感染源としては、何より患者の排泄物があげられる。不衛生な環境、あるいは食品や水などから感染は広がるので、衛生環境を整えることが重要である。ワクチンも開発されている。

しかし、衛生環境も悪かった時代、コレラは多くの感染者と死者を生んだ。それは、ひどく恐ろしい病である。しかも、疱瘡などとは異なり、幕末から流行するようになった新しい流行病、疫病である。

北里は言及していないが、1886年にもコレラは大流行する。死者は、79年と同様に10万人を超えた。コロナ・ウイルスによる死者が、日本では、7月末の時点で1000人程度であることと比較するならば、いかにその被害が甚大であったかがわかる。コロナ・ウイルスで死者が10万人を超えているのはアメリカ合衆国だけである。

コレラが大流行した1886年、「虎列刺退治　虎列刺の奇薬」と題する錦絵が描かれた。作者は大村竹次郎だった。なかなか見事なコレラの描きぶりである。

コレラには、「虎狼狸」という漢字もあてられた。そこで竹次郎は、頭は虎、胴体は狼、そして、金玉は狸として描いている。信楽焼の狸は金玉が大きく作られている。

なぜ、そんなイメージが作られたのか。

「狸の金箔八畳敷き」ということがそのもとだった。江戸時代の金細工の職人は、少量の金を狸の皮に包んで叩き、八畳敷きまで伸ばしていった。そのことばが、「狸の金玉八畳敷き」と転訛《てんか》され、それで、狸の睾丸は大きいというイメージが広まった。ただし、実際の狸の睾丸は大きいわけではなく、かえって小さい。

「虎列刺退治」では、虎列刺は巨大な金玉も使って人々を踏みにじっている。それに対して、鎧兜の衛生隊が何かを噴射しているが、それは消毒液の石炭酸だった。ただ、効き目はないようで、虎列剌は暴れ回っている。手の施しようがなかったということが、この絵には表現されている。

竹次郎の錦絵では、コレラは神格化されているわけではない。恐ろしい怪物として描かれているだけである。

だが、幕末には、コレラを退散させるため、狼、ないしは山犬に対する信仰が注目された。

高橋敏は、『幕末狂乱《オルギー》——コレラがやって来た！』（朝日新書）で、コレラを「除去するために根源にいるであろう悪狐、アメリカ狐を退治しなければならない。異獣に勝てるのは狐の天敵の狼、山犬しかいない。そして狼を祭神ヤマトタケルの眷属（道案内）として祀る武州秩父の三峯神社に着目したのは、自然の成り行きであった」と述べている。

三峯神社には、もともと「御眷属」と呼ばれる山犬に対する信仰があり、山犬は狼であるともされる。現在では、日本には狼はいない。明治時代に絶滅したとされている。

高橋は、山犬に対する信仰だけではなく、コレラ流行によって狐憑きの信仰も甦ったとしている。「即死病コレラの猛威に、狐憑きの迷信が息を吹き返して、種々の憑きものの仕業と考える、いわゆるコレラ変じて狐狼狸なり、の流言がまことしやかに広まっていった」というのである。

1884年には、ロベルト・コッホがコレラ菌を発見している。それは、日本でコレラの流行がくり返されていた時期にあたる。そのことは、すぐに日本にも伝えられたが、正体がわかっても、治療法が開発されたわけではなく、今見たように、その後、コレラは猛威をふるい、多くの日本人を死に至らしめた。

高橋が指摘しているのは幕末の頃のことで、明治に入ってから、コレラ流行に際して、山犬信仰が高まり、狐憑きが復活したかどうかはわからない。しかし、庶民の側としては、コレラを形あるものとして描き出すしかなかったのだ。

感染症を形にする意味

幕末にコレラが流行した際には、その様子はさまざまな形で描かれた。

歌川芳盛という浮世絵師は、文久年間(1861～64年)に、「由縁の友戌の見舞い」を描いている。これは、コレラにかかった犬のもとに、他の十二支の動物が見舞いに訪れた様子を描いたものである。文久2年が戊の年だから、1862年に描かれたのではないかと推察される。

芳盛は、歌川国芳の弟子だったが、兄弟弟子にあたる歌川芳勝には、「流行金時ころりを除る伝」という絵がある。これは、コレラにかかって苦しむ商家の妻のところへ旅の僧がやってきて、病人の枕元で唐辛子をいぶすよう勧めたというものである。亭主がその通りにすると、コレラは治った。旅の僧は、実は弘法大師だったというのがオチである。

安政5年には、「流行病追討戯軍記《おどけぐんき》」という戯作も作られた。これは、「狐狼利疫病の守」を大将とする疫病軍が暴れまわり、数万人を殺したのに対して、「施薬虎之《せやくのかみとらの》助頭諸人為成《かみみなひとのためなり》」が大将軍となって、疫病除の軍を結成し、ようやく9月半ば頃に平和を取り戻すことができたという話だった。

また、「通神鳥《つかみどり》」という絵は、空想の鳥を描いたものだったが、この鳥は、頭は火葬場の人間で、胸は僧侶、そして、尻尾は薬屋だった。皆、コレラの流行でかえって儲かった人間たちである。実際、火葬場は混雑したらしく、安政5年に描かれたものに、「茶毘室《やきば》混雑の図」というものがある。

コロナもそうだが、細菌やウイルスは、直接目で見ることができない。顕微鏡を通してしか、その姿をとらえることはできない。コッホがコレラ菌を発見することができたのも、高性能な顕微鏡が開発されたからである。

コレラの正体を見極められない時代、庶民はなんとかその姿を形にしようとした。それが、さまざまな予言獣であり、「虎列刺退治」の絵だった。絵に描いたからといって、それでコレラがおさまってくれるわけではない。だが、形にすることにはそれなりに意味がある。コロナ騒ぎでアマビエが注目されたのも、感染症を形にすることで、それをなんとか退治できるという感覚を得ようとしたのではないだろうか。

今回のコロナ・ウイルスの流行に際して、感染者が危険視されたり、差別されるという事態が起こった。感染することへの恐れが広がるなかで、感染者は、感染を拡大させる危険な存在と見なされ、非難されたり、誹謗中傷を受けたりしたのだ。

それだけ、強い不安が生まれたからでもあるが、コロナ・ウイルスが、「虎列刺退治」の絵にあったコレラのように、形あるものとして描かれなかったこともその一因になっていたのではないだろうか。

「虎列刺退治」の絵には相当のインパクトがある。狐狼狸は、衛生隊を圧倒し、あばれまくっている。コレラによって1年に10万人も亡くなる年があったのだから、それに対する恐れは、コロナ・ウイルスをはるかに上回る。当時の日本の人口は４０００万人程度で、現在の3分の1である。今におきかえれば、年間で30万人以上が亡くなったことになる。

コロナ・ウイルスの場合には、その姿を示すために顕微鏡写真が用いられる。それはモノクロで、それを見ても、恐ろしさは感じられない。カラーの模式図になると、少し雰囲気が変わってくるが、コロナの名の由来は、皆既日食のときに、太陽の縁に見られる淡い光のことである。それはもともと恐ろしいと思わせるものではない。

コロナ・ウイルスが、コレラのように恐ろしいものとして描かれたとしたら、悪いのはウイルスということになり、感染者がやり玉にあげられることはないのかもしれない。

アマビエにしても、それに注目が集まったのは、キャラクターとしての可愛さがあるからで、逆に言えば、ウイルスを退治してくれる力強さには欠けている。

では、コロナ・ウイルスを、どのような形で表現すべきなのか。私たちはそうしたことも考えてみる必要があるのではないだろうか。

おわりに

第9章で述べたコレラの流行は、その後もくり返され、第二次世界大戦後にも、海外からの引揚者が持ちこんだために流行している。最近でも、流行しているとまでは言えないかもしれないが、コレラの感染者は生まれている。

第二次世界大戦後でもっとも恐れられた流行病と言えば、それは結核である。1947年から50年にかけて、結核は原因疾患別死亡者数の第一位であった。

結核は結核菌によるもので、「はじめに」でも述べたように、古代から存在した。だが、大流行するのは近代に入ってからで、それは日本でも同様だった。人口の都市への集中と栄養の不足が重なることで、結核が流行するようになったと言われる。

HIV、いわゆるエイズも新しい感染症で、日本でも流行したが、性感染症であり、社会全体に蔓延したというわけではなかった。

近代に入ると、医学が発達し、感染症の原因も突き止められるようになった。コロナ・ウイルスも、当初の段階から特定されていた。

そうなると、疫病を神として祀ることはなくなり、仏の力にすがってそれを退散させることにも熱心ではなくなってくる。疫病をもたらす疫病神や妖怪が新たに登場することもない。そうした試みは、すでに過去のものとなっている。

第1章でも見たように、宗教教団が感染を広げるクラスターになったり、礼拝施設が閉鎖されるなど、現代においては、感染症に対して宗教の出番はなくなってきている。むしろ、宗教を通して感染を広げる危険性があるとされるようになってきた。もともと厄病よけとしてはじまった祇園祭さえ山鉾巡行などは中止されている。

宗教は、コロナ・ウイルスの流行に、その弱点をさらした結果になった。すでにそれ以前の段階で、先進国においては宗教の著しい衰退という現象が起こっていた（詳しくは拙著『捨てられる宗教――葬式・戒名・墓を捨てた日本人の末路』SB新書を参照）。ポスト・コロナの時代には、その傾向にいっそう拍車がかかることだろう。あるいは宗教消滅の波は、先進国以外にも及ぶようになるかもしれない。

だが、医学の方も、それが万能ではないことを露呈したように思われる。流行が、新型のコロナ・ウイルスであることは判明しても、それで治療法がすぐに見出されたわけではない。結核の場合にも、結核菌の発見が治療法の開拓に直接結びついたわけではなく、治療法が確立されるまでにはそれからかなりの年月を必要とした。

コロナ・ウイルスの流行についても、判明していないことはあまりに多い。流行は中国の武漢ではじまったわけだが、そこが本当の原発地であったかどうか、それは明らかになっていない。

一番の謎は、ヨーロッパやアメリカと、東アジアや東南アジアとの違いである。武漢から流行がはじまったものの、中国の他の地域ではさほど広がらなかった。韓国や日本でも、流行し、かなりの死者は出ているものの、ヨーロッパやアメリカとは比べ物にならない。アメリカ合衆国の死者は10万人を超えるのに、日本の死者は1000人程度である(7月31日現在)。

なぜ、地域によって感染者数や死者に違いがあるのか。それは明確に説明されていない。

本来は結核の予防のために用いられるBCG接種が、コロナ・ウイルスの感染を抑止することに力を発揮しているという説が唱えられている。だが、一方では、それを否定する研究もあり、まだ定説として確立されているとは言えない。ＢＣＧ接種が行われていないオーストラリアやニュージーランドでも死者は多くない。

少なくとも、ヨーロッパやアメリカでは、かなり厳格な都市封鎖や外出制限が行われており、その点でアジアとは大きく異なる。それでも、感染は拡大したわけだから、たんに接触を回避するだけでは、対策として十分でないように見受けられる。

要は、正確なところは誰もわかっていない。たとえ感染症の専門家でも、コロナ・ウイルスについて、その全貌を理解しているわけではない。まして、何が有効なのか。その全体像を提示できる人間は、人類のなかに一人もいないのではないだろうか。

そうであれば、私のような素人がいろいろと考えてみることも許されるだろう。たとえば、呼吸法の違いである。コロナ・ウイルスは肺炎を引き起こすのだから、呼吸法と関連している可能性がある。

これは、ヨーロッパでも教えた経験のある知り合いの武道家に聞いてみたのだが、ヨーロッパの人間と日本人とでは呼吸の仕方、あるいは発声の仕方に違いがあるという。ヨーロッパの人々は胸が呼吸の中心で、日本のように肚《はら》が呼吸の中心にはなっていない。これは、言語とも関係するが、ヨーロッパでは破裂音や摩擦音が多く、その分声が大きくなる。飛沫感染であるということを考えると、そうした発声の違いも影響しているかもしれない。

少なくとも肺炎であるということは重要である。イタリアでは最初、ミラノを中心とした北部のロンバルディア地方で流行が激しかったが、そこは、西ヨーロッパのなかでも、大気汚染がひどい地域である。日頃、大気汚染に曝されていれば、肺炎を引き起こす確率は高まる。それですべてが説明されるわけではないが、さまざまな要素が、感染を拡大させる要因となっているように感じられる。

そこには、喫煙の問題や、生活習慣のことがかかわる。欧米では、室内でも靴を脱がないことが習慣になっており、それがウイルスを家庭内に持ち込む要因になっている可能性がある。家に戻り、手を洗ったとしても、靴までは洗わない。

さらに、食文化、とくに発酵文化の違いということも、そこに関係しているように思われる。

世界には、さまざまな発酵文化があり、多種多様な発酵食品がある。アジアでは、とくに発酵文化が発達している。欧米でも、酒やチーズ、ヨーグルトなどは発酵によるもので、その際には酵母菌や乳酸菌が用いられる。それに対して、アジアでは麴《こうじ》が用いられる。

なかでも、日本の場合には、納豆菌などは相当に強力である。私は十数年前に大病して以来、不整脈となり、血栓ができないようワーファリンという薬を服用しているが、納豆を食べることが禁じられている。納豆はビタミンKを腸内で合成するため、それがワーファリンの効果を弱めることになるからだ。

日本では、味噌や醬油、酢、日本酒、漬物などが発酵食品で、それが広範に普及している。日本に来た直後の外国人は、醬油臭いと感じるようだ。それは、日本人が韓国に赴いて、キムチ臭いと感じるのと同様だろう。日本の空気中には、発酵を促す麴があふれている。

しかも、日本人は、つねに海外から新しい食べ物を取り入れてきた。中国や韓国、フランスやイタリアなどからである。それ以外の国から取り入れたものもある。それによって、他の国々の発酵食品も食文化のなかに組み入れるようになった。

発酵食品に直接、ウイルスを撃退する力が備わっているわけではない。だが、コロナ・ウイルスの流行がはじまった段階で、納豆の買い占めが起こったところには、本能の働きが関係していたのではないだろうか。

発酵ということを考えたとき、一神教の信仰世界のなかに発酵を嫌う傾向があることが注目される。

食のタブーについては、『イスラム、ヒンズー、ユダヤ教……宗教別　おもてなしマニュアル』（中公新書ラクレ）で詳しくふれたが、一神教の源流であるユダヤ教でもっとも重視される「過越祭《すぎこし》」では、故事に従って、その期間は発酵したパンを食べないだけではなく、家に発酵したパンはもちろん、イーストさえおいてはならないとされる。

キリスト教の中心的な儀礼は、「ミサ（聖餐式）」だが、そのなかで、聖職者から信者に与えられるイエス・キリストの肉体を象徴するパンは、やはり無発酵のものである。イスラム教では、酒を飲むことが禁じられるが、ワインも発酵によるものである。

発酵は自然に起こるもので、それによって、食品は増殖し、変化していく。一神教では、あらゆるものが神によって創造されたとされており、神以外に創造の主体となるものはあってはならないとされる。利子の禁止は一神教に共通するが、それも利子が神による創造ではないからである。発酵と一神教の信仰は、相いれない部分を持っている。

そこには、信仰の問題だけではなく、自然観が深くかかわっている。日本を含めたアジアでは、文化と自然、人間と自然を、それぞれ独立したものとはとらえず、両者は融合していると考える。ところが、一神教においては、文化や人間は、自然と対立するものととらえられ、自然の価値は否定される。自然は、悪魔や悪霊によって支配される世界として見なされているのである。

第1章で、一神教の一元論と善悪二元論の対立についてふれた。一神教では、あらゆるものが神によって創造されたものとされ、そのため、この世にあらわれる悪をどうとらえるかで難しい問題に直面せざるを得ない。最初から悪が存在すると考えると、それは、神によって創造されていないものが世の中にあることになり、神の全能性を否定することになりかねない。

そうなると、コロナ・ウイルスを創造したものは何かということが問題になってくる。それが、一神教の信仰が強くないアジアでは、そうしたことは難問としては浮上しない。悪は善とともにはじめから存在したととらえられ、ウイルスの退散を願うことは、宗教上、問題とはならないのである。

感染症を引き起こすウイルスにしても、細菌にしても、それを撲滅することは難しい。すでにふれたように、人類が撲滅に成功したのは天然痘ウイルスだけである。コロナ・

ウイルスを撲滅しようとしても、それは不可能である。あらゆる感染症は、流行をくり返す。

私たちは、ウイルスや細菌と共存していくしかない。ウイルスの側からしても、宿主が亡くなってしまえば、自分たちが生存できなくなる。そのことも考える必要がある。地球という世界は、私たち人間のためだけに存在しているわけではないのである。

日本は、感染症以外にも、地震や風水害に見舞われやすい国である。そのことは、日本人が毎年のように経験していることである。

地震や風水害には人災という側面もあるが、地震を起こらなくさせることはできないし、台風や大雨をなくすことはできない。その事態は、いくら科学や技術が発達しても、変わることはない。

昔は、大きな地震や風水害が起これば、作物がとれなくなり、飢饉が発生した。それは、衛生状態を悪化させ、疫病を流行させることにつながった。

そうした環境のなかで生きてきた日本人が見出した世界観、宗教観が「無常」ということであった。世界は常に変化し、その変化はとどまることがない。平穏な日常は突如断ち切られ、多くの命が失われる。それでもやがて災害は去り、日常も戻ってくる。私たち日本人は、昔からそのように考え、現実を受け入れてきたのである。

日本人が一神教を信仰するようにならなかったのも、それが関係する。もし唯一絶対の創造神を信仰していれば、甚大な被害をもたらす災厄に直面したとき、「なぜ神はこれほどの試練を私たちに与えるのか」と、その全能性に対して疑いの念を抱かざるをえないのである。

第2章でふれた江戸時代の国学者、本居宣長は、この世で起こる悪い出来事について、それは、「古事記」に登場する禍津日神《まがつひのかみ》によるものであり、それに対しては、手の施しようがないと説いていた。それは悲しいことだが、しかたがないというのである。

宣長は、中国の考え方、儒教や仏教の思想を「漢意《からごころ》」ととらえ、それにもとづいて考えることを否定した。しかし、宣長の神についてのとらえ方は、無常に通じている。無常は、もともとは仏教のことばであり、仏教の世界観にもとづいている。

そこには、人間の力に限界があるという認識が働いている。現代の私たちは、進歩した社会に生きているので、どんなことが起こっても、それに対処できる、対処しなければならないと思っている。だが、実際には無力であることが少なくない。

無力ななかで、少しでも災厄が軽減されることを神仏に祈る。それ以外に手立てがなかったとも言えるが、私たちの祖先はそこに力を注いできた。疫病との長いかかわりを見てくると、そのことがよく分かってくるのではないだろうか。

ラクレとは…la clef=フランス語で「鍵」の意味です。
情報が氾濫するいま、時代を読み解き指針を示す
「知識の鍵」を提供します。

中公新書ラクレ
700

疫病《えきびょう》vs 神《かみ》

2020年 9 月10日発行

著者……島田裕巳《しまだひろみ》

発行者……松田陽三
発行所……中央公論新社
〒100-8152 東京都千代田区大手町 1-7-1
電話……販売 03-5299-1730　編集 03-5299-1870
URL http://www.chuko.co.jp/

本文印刷……三晃印刷
カバー印刷……大熊整美堂
製本……小泉製本

Published by CHUOKORON-SHINSHA, INC.
Printed in Japan ISBN978-4-12-150700-6 C1236

中公新書ラクレ　好評既刊

L640 「オウム」は再び現れる

島田裕巳 著

麻原彰晃らオウム真理教の幹部13人の死刑が執行された。未曽有の大事件から我々は何を学ぶべきなのか。自身の評論活動から、一時「オウムシンパ」との批判を受け、以来、オウム事件の解明に取り組んできた筆者が、いまこそ事件の教訓を問う。信念なき「普通の人」たちが凶悪犯罪を起こしたのはなぜか。それは、オウムが日本組織に特有な奇妙な構造を持っていたからだ。日本組織の特殊さを理解せずにオウム事件は終わらない。

L670 神社で拍手を打つな！
——日本の「しきたり」のウソ・ホント

島田裕巳 著

神社に掲げられる「二礼二拍手一礼」は伝統的な作法なんかじゃない⁉　初詣は鉄道会社の営業戦略だった！　郊外の墓参りはバブルが生んだ年中行事！　結婚式のご祝儀もお葬式の半返しも伝統なんかじゃない！　そもそも、クリスマスはキリスト教に関係がない！　日本人が「しきたり」と思っている行事には、ごく最近生み出されたものが少なくない。私たちは「しきたり」とどう向き合えばいいのか。「しきたり」の概念を根底から覆す一冊。

L688 イスラム、ヒンズー、ユダヤ教……
宗教別おもてなしマニュアル

島田裕巳 著

激増する外国人観光客。だが「無宗教」の日本人はいまひとつ異教徒のタブーがわからない。そもそもハラールって何だ。酒を飲むイスラム教徒がいるのに、アルコール消毒まで禁止の人もいる！　ヒンズー教徒はうどん屋のだしがヤバい？　アメリカ人でもユダヤ教徒はチーズバーガーNG。安息日はスマホもいじれない⁉　異教徒をもてなす際におさえておきたいポイントを宗教別に解説する入門書。ホテル、レストラン、観光地のスタッフも必見。